微生物
Microorganisms

中国儿童
The Vivid Encyclopedia for Chinese Children
生动百科全书

张海涛 —— 编著
王一帆 —— 绘

北京理工大学出版社
BEIJING INSTITUTE OF TECHNOLOGY PRESS

版权专有　侵权必究

图书在版编目（CIP）数据

中国儿童生动百科全书 . 微生物 / 张海涛编著 ; 王一帆绘 . — 北京 : 北京理工大学出版社, 2025.3.
ISBN 978-7-5763-4937-5

Ⅰ . Z228.1；Q93-49

中国国家版本馆 CIP 数据核字第 2025WV7804 号

责任编辑：封　雪	文案编辑：毛慧佳
责任校对：刘亚男	责任印制：施胜娟

出版发行 / 北京理工大学出版社有限责任公司
社　　址 / 北京市丰台区四合庄路 6 号
邮　　编 / 100070
电　　话 /（010）68944451（大众售后服务热线）
　　　　　（010）68912824（大众售后服务热线）
网　　址 / http://www.bitpress.com.cn

版 印 次 / 2025 年 3 月第 1 版第 1 次印刷
印　　刷 / 武汉林瑞升包装科技有限公司
开　　本 / 810 mm × 720 mm　1/16
印　　张 / 11.25
字　　数 / 173 千字
定　　价 / 69.00 元

图书出现印装质量问题，请拨打售后服务热线，负责调换

前 言

微生物是地球上存在时间最长的生命体，体形微小，构造简单，与人们的生活关系密切，但是人们不一定完全认识它们。它们之中有的令人喜爱，有的令人深恶痛绝。

1675年，一位叫列文虎克的科学家发明了显微镜。在显微镜的帮助下，他发现水中存在着一种肉眼看不见的微小生物，便把这种生物称为"微生物"。

后来，越来越多的科学家开始研究这些肉眼看不见的微小生物。它们到底有多小呢？我们拿头发丝来和它们做比较吧。我们都知道微米（μm）是一种非常小的长度单位，一根头发丝的直径只有40～50微米，而一种叫作"球菌"的微生物，它们中最小的体长是0.2微米。换句话说，200～250个这样的小家伙手拉着手排长队才比得上一根头发丝的直径。但也并非所有的微生物都不能被肉眼看见，比如真菌界里的一些蕈（xùn）菌，即我们通常说的蘑菇，就是人类用肉眼能够看见的微生物。

微生物是一类微小生物群体的总称。除了一些小型的原生动物和显微藻类外，其他微生物中既有保护人体健康的细菌卫士，也有能够给人体带来疾病的可怕病毒；既有让食物腐烂变质的霉菌，也有能让食品别具风味的有益菌。总之，人类的生活中到处都有它们的身影。人类无法控制微生物，也离不开微生物。

同样，地球的生态系统也离不开微生物。如果说地球上的植物是生产者、动物是消费者，那么微生物就是地球生态系统的"清道夫"，即分解者。微生物将"生物垃圾"转化为无机物质，如二氧化碳、水和无机盐等，供植物重新利用，促进生态系统中物质循环的能量流动。地球上若没有微生物，动植物的残体会因为无法被有效分解而堆积，生态系统会因为元素循环失衡而崩溃，生命也就无法维持下去，当然也就没有了现在的繁荣与秩序，人类的产生与维续。

而如今，地球上的生态环境堪忧，生物的多样性遭到威胁。为了保护地球的生态系统，使地球更好地发展，一个叫"文明守护者"的团队出现了。该团队由林非博士和四位少年组成。这四位少年中的文文擅长研究人类文明，洋洋擅长研究一切与水有关的事物，陆陆擅长研究地质及陆生动植物等，天天擅长研究宇宙、天空、大气中的自然现象。他们致力于为地球居民搜集想要了解的各种资料，进而研究和守护人类文明。

在本册中，文明守护者会从真菌开始，逐一向细菌和病毒方面探索，为地球居民搜集关于微生物的资料。

探索之旅充满惊喜，而少年们在求知的过程中又遇到了哪些考验呢？现在，就让我们跟随文明守护者一同前往神秘的微生物世界，认识微生物大家族的成员并探索它们的秘密吧！

人物介绍

文明守护者——一个由林非博士带领的团队，致力于为地球居民搜集他们想要了解的各种资料，进而研究和守护人类文明。

林非博士

博物学家，对各个领域均有涉猎，是文明守护者团队的组织者及领队。

陆陆

阳光开朗的男生，思维活跃，方法多，擅长研究地质及陆生动植物等。

文文

爱思考的女生，面对问题沉着冷静，擅长研究艺术、人文、历史等人类文明。

天天

沉稳内敛的男生，热衷学习，擅长研究宇宙、天空、大气中的自然现象。

洋洋

古灵精怪的女生，勇于尝试新鲜事物，擅长研究海洋、河流等一切与水有关的事物。

炎黄

仿真机器人，外表是男性，负责协助团队处理工作的相关事宜。

目 录

▶ 微生物王国中的大家族

真菌不是只有蘑菇　002

千奇百怪的真菌　004

无孔不入的霉菌　012

用途广泛的酵母菌　020

青霉素的生产者——青霉菌　026

为害植物的"杀手组织"　030

美味的蕈菌　042

奇特而美丽的蕈菌　060

真菌思维导图　072

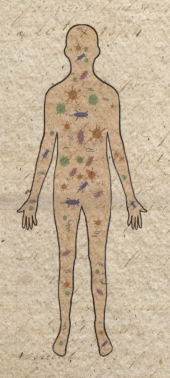

▶ 无孔不入的细菌

显微镜下的细菌　076

细菌的模样　080

无处不在的细菌　088

为人类所用的细菌　098

与人体共生的细菌　104

细菌思维导图　114

▶ 作恶多端的病毒

靠寄生存活的病毒 118

病毒，你从哪里来 120

威胁粮食安全的植物病毒 126

可怕的动物病毒 132

警报，有病毒入侵 138

捕食细菌的病毒——噬菌体 146

化敌为友 154

病毒思维导图 162

MICROORGANISMS
微生物王国中的大家族

真菌不是只有蘑菇

"红伞伞，白杆杆……"在资料库的电脑屏幕前，陆陆一边哼着云南的民间儿歌，一边浏览着有毒真菌的资料。这时，广播里传来今天的新闻，其中有一条是这样播报的："夏季来临，气温上升，又到了蘑菇生长的季节，云南有一户人家，因全家人误食了有毒菌菇而命悬一线。"

"看来，禁食毒蘑菇的宣传还没有深入人心啊！"陆陆感叹道。

"不是宣传得不够，而是吃蘑菇的人总是觉得自己见过的蘑菇种类多，凭借经验就可以识别出哪一种是毒蘑菇。而且民间还有自己的一套识别毒蘑菇的方法。"与陆陆一同在资料库里的文文补充道。

这时，林非博士和其他成员也来到了资料库。

林非博士说："蘑菇种类很多，光属于担子菌门的就有两万多种，而且很多有毒蘑菇和可食用蘑菇的外形相似，人们只凭经验是无法完全区分的。"

"陆陆，陆生物专家，你来给我们科普一下这类知识嘛！"洋洋请求道。

"嘿嘿，那我就献丑了。"一向爱表现的陆陆一本正经地开讲，"'真菌'这个词的拉丁文'Fungus'是蘑菇的意思。蘑菇属于真菌，但是真菌可不是只有蘑菇。真菌既不是动物也不是植物，它是微生物界中最大的家族，独成一派，散布在世界各处。"

"微生物应该是肉眼看不见的微小生物呀，为什么蘑菇那么大也属于微生物？"天天说出了自己的疑问。

"我们看到的蘑菇是担子菌门或子囊菌门中的大型真菌的子实体。担子菌门真菌的子实体叫担子果，子囊菌门真菌的子实体叫子囊果。虽然菌菇的子实体我们可以看到，但是菌菇的单个菌丝是微小的，是由肉眼看不到的孢子萌发而来的。不过，判断一种生物是不是微生物，也不能仅靠大小来区分，比如世界上第二大生物体是担子菌门中的蜜环菌，占地面积可达965公顷，而如此的庞然大物依旧属于微生物。因此，一种生物是否属于微生物，需要符合很多条件。"陆陆解释道。

陆陆看着天天似懂非懂的样子，赶紧转移话题："好啦，我们不要只谈论蘑菇啦，它们只是真菌世界里的冰山一角。根据最新的分类系统，真菌界可分为壶菌门、子囊菌门、担子菌门、毛霉门等20个门。壶菌门中已知的真菌近千种，引起玉米褐斑病的玉蜀黍节壶菌就在其中。我们刚才说的各种蘑菇基本属于担子菌门，也有一些属于子囊菌门，比如非常珍贵的松露、虫草等。在真菌世界里，不光蘑菇与人们的生活息息相关，霉菌、酵母菌等也被人们应用于各个领域。我再详细地和你们说说。"

陆陆刚准备向大家继续讲解，实验室内响起的提示声就打断了他。

▲ 壶菌门

▲ 毛霉门

▲ 子囊菌门

▲ 担子菌门

千奇百怪的真菌

实验室内,林非博士一脸愁容地站在实验台前,其他成员面面相觑,不知道发生了什么。

"我需要你们的帮助。"林非博士开口道,"我的酵母菌培养皿应该是被一些霉菌感染了。我希望你们能操作我最新研发的纳米机器人进入酵母菌培养皿,找到入侵培养皿的霉菌。我一个人忙不过来。"

酵母菌

大家听说可以操作纳米机器人,迫不及待地要求马上开始。但林非博士话锋一转,说道:"现在还不行。在进入培养皿之前,你们必须先认识那些千奇百怪的真菌。"

"大家请跟我来。"林非博士研发的仿真机器人炎黄一边说着,一边领着少年们走到一张桌子旁边。

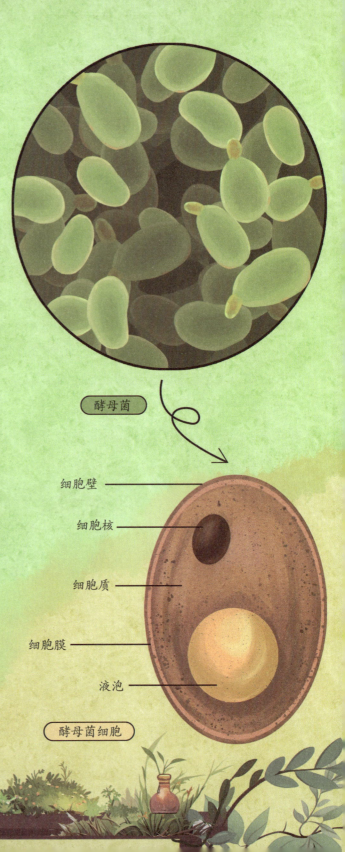

酵母菌

- 细胞壁
- 细胞核
- 细胞质
- 细胞膜
- 液泡

酵母菌细胞

炎黄指着桌子上一个透明的玻璃罐说道:"这罐汽水是历史最悠久的汽水,它出现的时间比可乐还要早几千年。而能把它从普通的水变成汽水的关键因素,就是你们将要认识的第一种真菌——酵母菌。**酵母菌是一种单细胞生物,子囊菌门和担子菌门中都包含它。**"

"我只知道酵母菌能做面包、馒头,没想到还能做汽水啊!"天天惊讶地说。

"酵母菌的用处有很多,稍后再慢慢和你们说。"炎黄说罢又引导大家看向电子显微镜拍到的画面,"大家现在看到的那些像小球的东西就是酵母菌,它们的实际大小只有几微米,比我们的头发丝还要细小。"

"等等!"洋洋指着画面说,"大家看这里,这种头上长了小球、像'8'字的是什么真菌?"

炎黄回答:"这些是正在繁殖的酵母菌。**酵母菌的繁殖方式主要包括有性繁殖和无性繁殖两种。不过,大多数酵母菌是以无性繁殖中的芽殖来繁育后代的,芽体长大后会与母细胞分离,成为新的酵母菌。**就像是咱们种的仙人球上又长出小的仙人球那样。"

"这么神奇啊!"少年们看着屏幕惊讶地说。

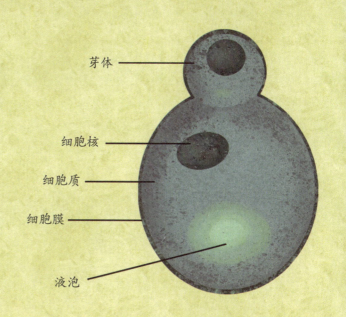

出芽的酵母菌

蕈菌

炎黄带领大家进入另一个房间。这里种植着各式各样的蕈菌。它们颜色各异，有红色的、棕色的，也有黑色的；它们的形状五花八门，有的像雨伞，有的像毛笔，有的像舌头，有的像耳朵……

"哇，好多蘑菇！"洋洋激动地叫了起来。

陆陆说："**我们说的蘑菇基本上是担子菌门伞菌纲的真菌，也称为'蕈菌'。它们的普遍特征是有'帽子'和'脚'。**"

"蘑菇和蕈菌就像是这类真菌的小名，而伞菌纲则是你们用于书面的大名。"炎黄

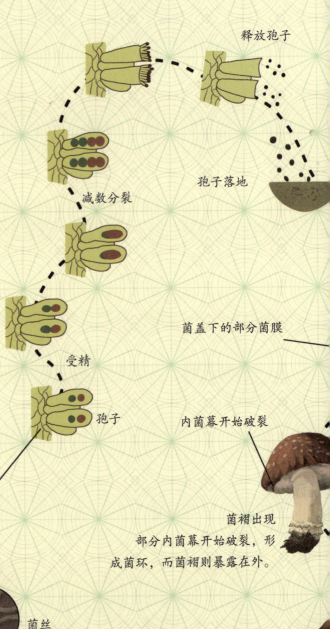

释放孢子

孢子落地

减数分裂

受精

孢子

菌盖下的部分菌膜

内菌幕开始破裂

菌褶出现
部分内菌幕开始破裂，形成菌环，而菌褶则暴露在外。

菌鳞

菌褶

菌盖

菌环

菌柄

菌托

菌丝体

菌丝

一边说着，一边把少年们带到桌前，"你们看，这种蕈菌叫毒蝇鹅膏菌。"

"这种蘑菇我认识，它就是人们常说的毒蝇伞，也是禁食毒蘑菇宣传中经常出现的角色。"文文抢先说。

"文文说得没错，"炎黄继续说道，"像陆陆说的一样，它有'帽子'和'脚'。这个'帽子'叫菌盖。'帽子'下面的许多小片叫菌褶，蕈菌的孢子就在这里。蕈菌的'脚'叫菌柄，它像树干一样，支撑着菌盖。菌柄的基部较粗壮的部位叫菌托，幼菌体就是从那里萌发、长大的。但是，我们所能看到的这些也只是蕈菌的一部分。它们的大部分身体隐藏在土壤或者树木里，是由菌丝组成的网络——菌丝体。菌丝就像是蕈菌的根，可以帮助它们吸收水分和营养。"

天天指着菌柄上那一圈像围领一样的东西，不解地问："这是什么？"

"那是菌环，在幼菌体时期，菌褶就包裹在菌环里面。"陆陆向天天解释道。

"不愧是陆生物专家，对这些知识了如指掌。"天天夸赞道。

有丝分裂

菌丝结合

新的子实体

幼年阶段
毒蝇伞幼年时从土里冒出的部分完全被疣状的外菌幕覆盖。

被分散的疣状覆盖物

破坏外菌幕
菌柄开始生长，菌盖上覆盖的外菌幕分裂。

菌盖生长
菌盖扩大后，部分外菌幕仍然附着在底部，成为菌托。

完全裸露的菌褶

已形成的菌环

孢子传播
孢子生长在暴露的菌褶上面，向空气中飘散。

向上翻起的菌盖

老年期
在毒蝇伞生命的最后阶段，菌盖开始褪色并且向上翻起。

"它们中有一些看起来好像很美味!"洋洋指着一个白色的蘑菇说。

"你指的这种蘑菇可千万吃不得!"炎黄立刻说,"这种蘑菇和我刚才介绍过的毒蝇伞同属于鹅膏菌属,是有毒的!"

"但是它和我们常吃的蘑菇很像,而且它的颜色也不那么鲜艳,怎么可能有毒呢?"洋洋不解地问。

"识别毒蘑菇不能仅靠外表。有人说有菌环的蘑菇一般都是有毒的,可没有菌环的亚稀褶黑菇也属于毒蘑菇;咱们刚才说颜色鲜艳的蘑菇有毒,但颜色鲜艳的红菇却属于可食用蘑菇。更有趣的是,亚稀褶黑菇和红菇都属于伞菌目的红菇科,同属于红菇属。"陆陆解释道。

▲ 亚稀褶黑菇

小贴士
不要轻易采摘、食用野生蘑菇哦!

红菇 ▶

霉菌
〰️

"陆陆说得对,不能光凭蘑菇的外表判断它是否有毒。"炎黄严肃道,"蘑菇虽然很好吃,但是你们一定要注意安全,不要误食。谨记,不认识、不确定的蘑菇一律不吃!现在,就让我们一起去下一个房间见一下我们待会儿要寻找的目标——霉菌!"

霉菌
丝状真菌的通俗名称,通常指菌丝体比较发达而又不产生大型子实体的真菌。霉菌往往在潮湿的环境下大量生长繁殖,长出肉眼可见的丝状、绒状或蛛网状的菌丝体。

▲ 青霉的结构

▼ 根霉的结构

在炎黄的指引下，少年们走进了另一个房间。

天天指着炎黄手中拿起的一块发霉的面包，问道："这块面包上发霉的东西就是霉菌吧？"

"没错，"炎黄说，"这些是霉菌，它们喜欢生长在那些放了很久的水果或面包上。大家看，霉菌就像一层细细的绒毛，有绿的、白的，也有黑的、蓝的。这些绒毛其实是由霉菌的菌丝和孢子共同组成的。霉菌的菌丝就像一棵棵极细的空心树，它们紧密地交织在一起，形成像网络一样的菌丝体。**菌丝体有两种基本类型——营养菌丝体和气生菌丝体。气生菌丝体中的气生菌丝发育到一定阶段可分化成繁殖菌丝。对不同的霉菌来说，这些菌丝体有不同的形态和功能。**"

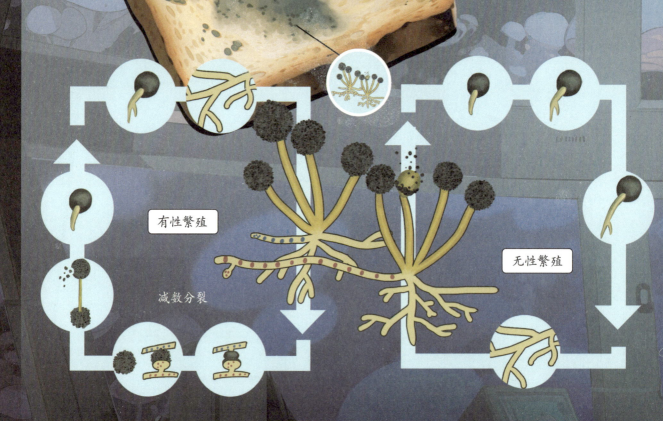

▲ 根霉的有性繁殖和无性繁殖

孢子具有小、轻、干、多、形态色泽各异、休眠期长、抗逆性强等特点,因此可以使霉菌遍布世界各地。

"我来说说孢子吧。"陆陆接话道,"孢子相当于植物的种子,可以通过风或者其他方式散播到适宜的地方,然后在那里萌发、生长。"

文文发问:"这就是炎黄让我们戴上防护面具的原因?"

"没错,霉菌拥有极强的繁殖能力。"炎黄招呼着少年们来到显微镜旁边,"大家

第X件宝物的自白

我叫奥氏蜜环菌,是东北名菜"小鸡炖蘑菇"里的蘑菇。虽然我的子实体和一般的蘑菇差不多大,但是隐藏在地下的菌丝体覆盖面积可达965公顷呢!我也因此被称为"巨型真菌"。

看，霉菌菌丝的尖端有产孢细胞产生的、聚集在一起的孢子，这些孢子遇到风雨时就会散开，开始新的生命旅程。**孢子是真菌进行繁殖的主要器官。其中，未经过两性细胞结合而形成的孢子，称为'无性孢子'；经过两性细胞结合而形成的孢子，称为'有性孢子'。由无性孢子繁殖的属于无性生殖，由有性孢子繁殖的属于有性生殖。除了无性生殖和有性生殖，真菌的生殖方式还有准性生殖。**现在，大家对真菌也有了一些了解，稍后我们准备一下，就开始操纵纳米机器人进入真菌培养皿的世界吧。"

一行人离开房间，脱掉装备，来到了控制室。

炎黄将这几天和林非博士观测到的真菌数据传送到超级电脑中并输入指令，很快，一份关于真菌分类及形态结构的报告就形成了。随后，它将这份报告发送给了地球居民。

报告

真菌既不是动物，也不是植物，独立成一界，以吸收和分解自然中的有机物生存。

根据最新的分类系统，真菌分为子囊菌门、担子菌门、壶菌门、毛霉门等20个门。

真菌的菌体由菌丝组成，无根、茎、叶的分化，无叶绿素。在微生物中，只有真菌具有真正的细胞核和完整的细胞器。

地球居民的回复简讯

大自然真是神奇的造物主！

无孔不入的霉菌

在实验室内，少年们和林非博士一起手拿操纵杆，控制着各自的纳米机器人进入酵母菌培养皿中寻找入侵的霉菌。

对于纳米机器人来说，培养皿中的酵母菌菌落就相当于一片草原，而霉菌则是草原里零星分布的几朵小花。大家操纵着纳米机器人在这里进行地毯式的搜索。

认识霉菌

"看，前面有其他颜色的真菌！"文文惊喜地说，"咱们认识的酵母菌是白色或灰白色的，那么其他颜色的真菌有可能是入侵的霉菌吧？"

文文的声音吸引了其他几位队员，大家操纵着纳米机器人一起上前查看。

"看结构，这还是酵母菌菌落呀，但是为什么它们是黄色和棕色的呢？"洋洋有些不解。

"有可能与酵母菌代谢产生的色素物质有关。"一旁的林非博士分析道，"既然这一处不是入侵的霉菌菌落，就要辛苦大家继续寻找了。"

最后，大家终于在培养皿的边缘处找到了入侵的霉菌。那是由黑色的黑根霉、绿色的青霉、黄色的曲霉等交织在一起形成的霉菌群。

林非博士指挥着大家操控纳米机器人拿出他研究的针对霉菌的生物制剂："既然找到了入侵的霉菌，咱们就开始清理吧！"

在纳米机器人的操作下，霉菌群逐渐被清理干净了。

"这些霉菌真是无处不在、无孔不入啊！霉菌极不容易被清理，要不是你们协助我一起清除污染源，我的实验恐怕就要从头开始了。"林非博士庆幸地说道。

这次清除霉菌的经历，让少年们对真菌更加感兴趣了。在他们的再三央求下，林非博士决定批准少年们化身迷你小人，操控纳米机器人进入真菌世界，探索它们的奥秘。

▲ 菌落
由单种菌体或一堆同种细胞在适宜固体培养基表面或内部生长繁殖到一定程度而形成的、肉眼可见的子细胞群落。

▲ 菌群
由不同种菌类形成的、肉眼可见的集团。

曲霉

第二天，林非博士将一根试管交给了炎黄。用肉眼看去，这根试管里什么都没有，不过，对炎黄来说就不一样了。它看到了试管里的几位迷你少年。

炎黄将少年们倾倒出来，放在一堆发霉的物品前，说道："你们面前是我找来的一些发霉物品，有发霉的面包、豆腐、苍蝇等。你们此次的任务是深入霉菌世界，收集霉菌家族的资料。"

迷你少年们听完炎黄的介绍后，便向眼前的物品攀登。

他们先是爬到了长着霉菌的面包上。

在面包上刚刚站稳的陆陆说："曲霉目家族的成员真的很喜欢面包、馒头等淀粉类食物呢，看看黑曲霉这些茂密的气生菌丝体就知道了！"

大家穿过黑曲霉的菌丝体，又被一片紧密交织的黑色菌丝体挡住。

"这不是咱们上次在培养皿中见到的黑根霉吗？"文文说，"真是哪里都有它啊！"

"毛霉目根霉属里除了黑根霉，还有其他根霉呢，它们也是无孔不入的，生命力特别顽强。"陆陆指着附近的一处毛毛说，"你看，这些是**少根根霉，它不光可以感染食物，还可以直接感染植物**。而且这些根霉属的霉菌引起的食品腐败会产生有毒代谢物，如果被人或动物吃了，可能会引起消化道和呼吸道疾病。"

"那这些白色的霉菌也是根霉吗？"天天指着面前如蛛网般交错的白色菌丝说。

"不是，"陆陆提醒道，"你们看这些霉菌的感染物是什么？"

"是豆腐！"洋洋激动地说。

▲ 黑曲霉

黑曲霉是曲霉属中的一种。菌丛呈黑褐色，分生孢子为球形，呈黑或黑褐色，平滑或粗糙。其分布广泛，能引起水分较高的粮食霉变和其他工业器材的霉变。

小贴士

如果家里的食物发霉，去掉霉变的部分后依旧不能食用，因为去掉的只是在食物表面形成的霉菌菌丝，食物内部的霉菌和此前产生的毒素是去不掉的。

◀ 少根根霉

常见于土壤和腐烂的有机物中，可以导致食品腐败，也可以产生有毒代谢物，还可以感染人或动物的消化道和呼吸道。

腐乳毛霉

"没错，这是毛豆腐。它上面的白色霉菌是毛霉属的腐乳毛霉。"说完，陆陆咂了咂嘴，"制作毛豆腐少不了腐乳毛霉的参与。它可以把豆腐里的淀粉分解为甜味更重的糖类，还可以把豆蛋白分解为富有鲜味的氨基酸。现在，我们的嘴边就有一块嫩滑鲜甜的毛豆腐……"

"瞧你那贪吃的模样。"文文调侃陆陆后，看着眼前的腐乳毛霉说，"它们怎么长得和根霉属成员那么像啊？"

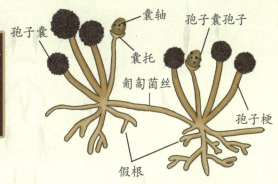

根霉属结构（孢子囊、囊轴、孢子囊孢子、囊托、匍匐菌丝、孢子梗、假根）

"因为两者都属于毛霉目呀。虽然两者都有假根，但根霉属有匍匐菌丝，而毛霉属没有。另外，两者都有囊轴，不过，根霉属有囊托，毛霉属无囊托；根霉属无囊领，毛霉属有囊领。"

毛霉属结构（孢子囊、囊轴、孢子梗、孢子囊孢子）

"仅靠这些微小的区别就能分出它们的种类,陆陆你可真厉害!"文文夸完陆陆,接着问,"既然发霉的食物会产生毒素,为什么毛豆腐却可以吃呢?"

"这个问题问得好。"陆陆解释道,"霉菌家族成员众多,有些种类会导致食品霉变,引发人畜患病;而有些种类则会造福人类,成为食品加工业中的发酵用菌和医药业中的工业用菌。咱们之前说的霉变食物是在自然环境中感染了霉菌,这些霉菌中有好有坏,因此,被霉菌污染的食物不能吃。而可食用的毛豆腐都是在无菌的条件下制作的,可以很好地防止其他菌种的污染,保证食品安全。"

虫霉

少年们继续在炎黄准备的样品中探索。他们扒开浓密的毛霉菌丝,只见一只大苍蝇出现在大家的面前。这只苍蝇身上长满了菌丝,几条足还紧紧抱着一棵小草。它展开翅膀,一副想要飞翔的样子。

"哇,我还没见过这么大的苍蝇呢!"文文惊讶地说。

"这就是一般的苍蝇,只是我们变小了而已。"洋洋提醒道,"这只苍蝇好像死去很久了。"

"是的,而且它好像被真菌感染了,身上长出了好多毛。"天天正说着,只见一粒又一粒孢子从苍蝇的身上弹射出来,向外飘散。

"是孢子。"大家不约而同地说。

"我们遇到虫霉目虫霉属家族的成员了。"陆陆告诉大家,"虫霉属中有许多种真菌是有害昆虫的寄生真菌,而这只苍蝇就是被虫霉属的蝇虫霉寄生了。这种真菌的孢子一旦找到可以感染的苍蝇,就会在其身上扎根。接着,萌芽的菌丝会钻进苍蝇的体内汲取营养,最终接管苍蝇的身体。当蝇虫霉快成熟时,就会控制苍蝇爬到高处,让它张开翅膀,伸直后腿。然后,蝇虫霉的菌丝就会

▼ 一只被蝇虫霉感染的苍蝇

虫霉目属于虫霉门虫霉纲。虫霉目的真菌孢子繁殖时会强力射出,如果射出的孢子找不到合适的基物或寄主,不会立即萌发生出菌丝,而是多次重复形成能再次强力射出的次生孢子。

从苍蝇体内探出头来，这样，蝇虫霉的孢子就可以自由传播了。"

"那我们要不要离这些孢子远点儿？我可不想成为蝇虫霉的感染目标。"天天担心地说。

陆陆笑着说："放心吧，虫霉目虫霉属家族中的每一位都是挑剔的美食家。它们只寄生自己喜欢的昆虫。比如蚜虫霉只感染蚜虫，蚊虫霉只感染蚊子，金龟子霉也只喜欢在金龟子身上落户。因此，人类根据虫霉的专一性特点，将虫霉菌用于生物防治，做成了针对害虫的生物杀虫剂哦。"

"这些以昆虫为寄生物的虫霉菌能控制昆虫的行为，使昆虫像僵尸一样失去自主意识，真是令人恐惧！"文文害怕地说，"我们还是离这只被寄生的大苍蝇远点儿吧。"

◀ 苍蝇开始被蝇虫霉感染

◀ 蝇虫霉在苍蝇体内孵化

蝇虫霉的休眠孢子可以在苍蝇的尸体内越冬 ▶

◀ 蝇虫霉在产孢子的活跃期间会控制苍蝇爬到高处

第X件宝物的自白

我是蛙粪霉菌，我存在于土壤、蛙粪、腐败植物中。如果你不幸接触了带有我的物体，就有可能感染皮肤病。

几位少年绕过苍蝇样品，发现面前是一个装满水的"游泳池"。他们非常疑惑，便询问炎黄。炎黄向少年们解释，那并不是游泳池，而是一个装有池塘水样本的器皿。

捕虫霉

"难道水里也有霉菌？"天天透过器皿的透明壁向水里张望，"啊，是外星生物！"

陆陆看后，嬉笑着说："别怕，这些是原生动物和线虫，咱们之前不是见过吗？你是不是又忘记自己已经变小了？"

"嘿嘿，"天天尴尬地笑了笑，赶紧转移话题，"要这些原生动物和线虫做什么？"

陆陆知道了炎黄的用意说："我明白了，真菌门里还有一类霉菌以捕食原生动物或线虫为生，而且它们也具有寄生的特点。炎黄是想让我们了解一下捕虫霉目的霉菌。"

大家了解情况后，戴好防护装备，向水中进发。

先潜入水里的洋洋说："我看到一些菌丝正在分泌黏液捕食变形虫。"

陆陆也潜入水中一边观察一边向其他成员讲解："洋洋看到的是**捕食型捕虫霉**，当它们**要捕食小型原生动物时，菌丝会分泌黏液黏附在捕食对象上，并进一步形成各种细小且分枝的吸器，侵入它们体内**。"

"啊，救命呀！"

▲ 捕食线虫的捕虫霉

捕虫霉的菌丝会形成类似套索的环状结构，当线虫从环中间经过时，套索就会突然收紧，牢牢地捆住猎物，然后将菌丝侵入它们体内吸收营养。

▼ 捕虫霉在捕捉轮虫

捕虫霉的菌丝上长出吸盘状结构并带有黏性的触须，以此捕捉猎物。

捕虫霉侵入变形虫细胞内夺取营养，菌丝钻出宿主体外散播孢子。

文文的呼救声引起了大家的注意，炎黄也立刻警惕起来。原来，文文在游动的时候被捕虫霉用来诱杀线虫的菌丝套索缠住了。

其他少年赶紧游过去帮忙，好在炎黄及时拿来工具将菌丝套索剪开，文文才得以脱身。

炎黄看霉菌资料已经搜集得差不多了，便通知少年们任务结束。之后，少年们在林非博士的帮助下恢复了正常大小。大家看着超级电脑输出的分析报告，不约而同地长舒了一口气。

报告

只要是存在有机物的地方，就会有霉菌的踪迹。霉菌体是由许多细长的菌丝组成的，这些菌丝可以延伸出数厘米，形成一张大网。菌丝通常是白色、灰色或绿色的，可以在有机物上生长和繁殖。

孢子繁殖是霉菌繁殖的主要手段，孢子可以通过风、水、动物等方式传播到其他地方。有一些孢子可以休眠，这使它们可以在恶劣的环境下生存数年之久，等到环境合适时便再次萌发、生长。

地球居民的回复简讯

我们一定要注意通风，保持室内干燥，减少霉菌的滋生！

用途广泛的酵母菌

"不知道博士今天又会给我们安排什么样的任务,上次霉菌世界的探险,真是太刺激了!"陆陆兴奋地边说边走进大厅。

"霉菌的世界太可怕了!"因为被捕虫霉缠绕而对霉菌有了阴影的文文惊魂未定地说,"我可不想再去经历一次了。"

就在两个少年对话之际,林非博士和其他的成员也来到了大厅中。林非博士对少年们说:"大家准备好开启真菌世界的下一段冒险之旅了吗?"

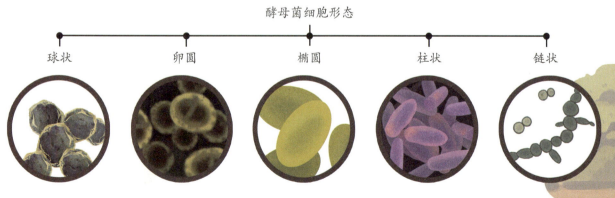

酵母菌细胞形态

球状　　卵圆　　椭圆　　柱状　　链状

酵母菌是一类单细胞真核微生物的通俗名称。细胞形状呈圆形、椭圆形、柱状或链状结构。酵母菌广泛生活于潮湿且富含糖分的物体表层,如果皮表面、土壤、植物表面及其分泌物中,甚至空气中。另外,人体和昆虫肠道中也存在酵母菌。

"希望不是什么可怕的种类。"文文小声地嘀咕道。

林非博士听到文文的担心后,笑着说:"放心吧,这次要探索的真菌不仅不可怕,还用途广泛,是人们生产和生活中的好朋友。我会给你们配备翻译器,让你们和它们对话。只是,有件事得跟你们提前说好,这次探索的真菌中有一个因为常喝酒,所以情绪不太稳定。"

"我知道这次探索的真菌是什么了!是……"

洋洋刚想说出答案,没承想被陆陆抢先了:"是酵母菌。"

"哼,我早就猜到了,林非博士说的那个喝酒的肯定是酿酒酵母。"洋洋噘着嘴说。

"既然大家都知道要探索的真菌内容了,那事不宜迟,赶快出发吧。炎黄已经在控制室等着大家了。"林非博士提醒道。

大家来到新疆天山北麓(lù)的一处葡萄酒生产基地内。在酿酒师的许可下,炎黄把穿戴齐全的迷你少年们消毒后,投放到一个巨大的葡萄酒发酵罐中。在充满了葡萄果肉与汁水的罐子里潜水,少年们还是头一次。由于发酵罐中氧气稀少,少年们需要在有限的时间里尽快完成任务。

很快,少年们就找到了今天要拜访的情绪不稳定的酵母菌——酿酒酵母。

"谁进了我的屋子?要是耽误了我酿酒,你们担待得起吗?"

大家被听到的声音吓了一跳,陆陆赶忙回应:"敢问阁下就是大名鼎鼎的酿酒酵母吗?"

酿酒酵母的应用

"正是我!"酿酒酵母醉醺醺地说,"你们来此有何贵干哪?"

文文小心地说道:"我们来此是为了采访酵母菌家族的成员,了解它们与人类世界的种种联系……"

不待文文说完,醉醺醺、气呼呼的酿酒酵母便开始了漫长的自述。

"倘若没有我,汝等如何能吃得上馒头和面包?若是没有我,烤熟的面坨子可以硌断你们的牙!若是没有我,那个……那个斗酒诗百篇的人叫什么来着?"

"李白!"文文急忙补充道。

"对!若是没了我,那个李白也不过是个碌碌无为的凡夫俗子!你们人类的文明离不开我,若是没有我……"

酿酒酵母广泛应用于食品、医药、饲料和化工行业。

不含乙醇饮料

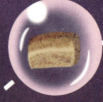
烘焙

葡萄酒

乙醇燃料　　饲料

出芽的酵母菌——

酿酒酵母明显是太晕了,它之后说的话少年们已经听不清了。因为与其说那是话,倒不如说只是充满了怨气的咕哝。

"它为什么说话这么古腔古调的呢?"天天问。

"古腔古调?"酿酒酵母突然愤怒起来,"你说我古腔古调?告诉你,我们的存在比人类还要长

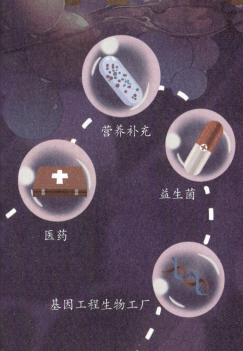

营养补充

益生菌

医药

基因工程生物工厂

科学研究

久,我可是'发酵之母'!埃及文明够早吧?4000年前,我们就帮着埃及人酿酒、做面包了!还有,3500年前的殷商时期,我就帮着人们酿米酒了!我们一直帮助人类,默默无闻,要不是那谁发现了我们……"

文文急忙说道:"是**列文虎克**,他**发明了显微镜,也发现了酵母菌**。"

"好啦,好啦,好汉不提当年勇。给你们看看我们酿酒酵母扩充族群的方法。"酿酒酵母好像清醒了,说道,"看到我身上的小球了没?这是我的芽体,是我正在孕育的'孩子'。"

"看到了,我们之前对酵母菌的出芽繁殖也做过一些了解。"陆陆看大家的氧气量不够,想快点儿结束对酿酒酵母的采访任务。

◀ 列文虎克和他发明的显微镜

第X件宝物的自白

我叫酒曲,是传统酿酒行业里不可或缺的神秘成分。我是谷物发酵过程中的催化剂,能将谷物中的淀粉转化成糖,继而产生酒精。

酿酒酵母的出芽繁殖

谁知，聊得正欢的酿酒酵母根本没有结束的意思，它指着罐子里的其他酿酒酵母说："它们都是我的家人。这些芽体是在我身体里发育的。等它们发育到一定程度时，我就会分泌出水解酶，把我自己的细胞壁变薄。慢慢地，我体内的芽体就会从变薄的地方长出去。同时，它们也会努力分泌出新的营养物质，构建自己的细胞壁。但是，它们没有立刻与我脱离，而是紧紧地依偎在我的身旁。等它们成长一段时间后，它们就会与我分离，开启新的旅程。**如果一个芽体发育得快，那么在它离开母体之前，它的身上也会长出新的芽体。**"

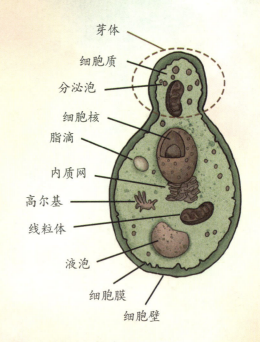

▲ 酿酒酵母

酿酒酵母又叫面包酵母或者出芽酵母，它的繁殖方式一般为无性繁殖中的出芽繁殖。

少年们其实对酵母菌的出芽繁殖方式早已知晓，但是出于礼貌还是听完了酿酒酵母说的话。

之后，少年们又到世界各地了解了不同的酵母菌。比如，他们在茶园里认识了能**把鲜茶变成乌龙茶的茶酵母菌**；在西伯利亚地区认识了**能将石油中的蜡质变成动物饲料的石油酵母菌**；在法国波尔多认识了**能使奶酪有更多风味，还能生产木糖醇的汉逊德巴利酵母菌**。他们甚至还去了医院，认识了曾

酿酒酵母的出芽阶段

内生孢子

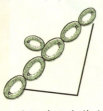
酿酒酵母出芽生殖后,芽体与母体没有分开而产生的假菌丝体

在霍乱时期大显神威,**帮助人类平衡肠道菌群的布拉氏酵母菌**。另外,他们还在医院里认识了损害人类健康的酵母菌。

探索完酵母菌后,炎黄带着少年们回到了基地。林非博士看着直打瞌睡的少年们,不忍打扰,就让炎黄将大家搜集到的资料做成报告,发送了出去。

汉逊德巴利酵母菌

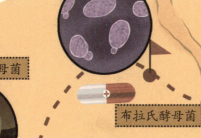
布拉氏酵母菌

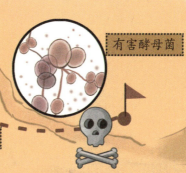
有害酵母菌

小贴士

具有致病性的酵母菌一般被视为一种条件致病菌。白色隐球菌和白色念珠菌等致病性酵母菌更容易感染免疫力低下的人。

报告

酵母菌主要生长在含糖的偏酸性物质中,目前已知的酵母菌已经超过了500种。

酵母菌是人类驯化的第一种微生物。

根据酵母菌与人类的关系,可将其分为有益酵母菌和有害酵母菌。有益酵母菌广泛应用于生物医药、食品、轻工和生物燃料生产等不同生物制造领域,与生产生活息息相关。

地球居民的回复简讯

没想到酵母菌的种类这么多,而且有益酵母菌对人们的生活益处良多。

青霉素的生产者——青霉菌

酵母菌的探索之旅结束后,一连好几天都没有新的探索任务,少年们按捺不住,主动前往林非博士的办公室询问最近的任务安排。

还没进门,大家就透过窗户看到林非博士正面色严肃地和一个由AI全息投影产生的科学家聊天。少年们本想等他聊天结束再进去,没想到林非博士看到了他们,招手让他们进去。

一进门,林非博士就说道:"我和亚历山大·弗莱明先生正在等你们呢!"

全息投影中的科学家朝着少年们挥了挥手:"很遗憾,我只是一个全息影像,没法和你们握手!孩子们,你们好!我是英国微生物学家亚历山大·弗莱明。我刚才在用我的故事开导林非博士呢。"

一听有故事,孩子们沸腾了。于是,他们缠住弗莱明先生,也想听听他的故事。架不住孩子们的盛情相邀,亚历山大·弗莱明只得将那个因为失误而改变了世界的故事缓缓道来。

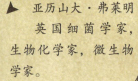
亚历山大·弗莱明 英国细菌学家,生物化学家,微生物学家。

发现青霉菌

那是1928年的夏天,天气特别闷热,伦敦大学圣玛丽医学院赖特研究中心破例放了暑假。负责研究金黄色葡萄球菌的教授亚历山大·弗莱明在外出度假时,把正在培养的金黄色葡萄球菌忘了。当他度假结束,回到实验室时,惊奇地发现一个与空气接触过的金黄色葡萄球菌培养皿中竟长出了一团毛茸茸的青绿色霉菌。弗莱明用显微镜观察这个培养皿时发现,这种霉菌周围的金黄色葡萄球菌菌落已被溶解。这提

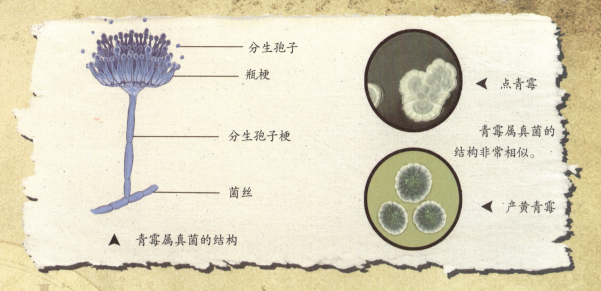

▲ 青霉属真菌的结构

青霉属真菌的结构非常相似。

◀ 点青霉

◀ 产黄青霉

示霉菌的分泌物能抑制金黄色葡萄球菌的生长和繁殖。后来，鉴定表明，培养皿中的霉菌为青霉菌，1929年亚历山大·弗莱明发表了其研究成果并把这种青霉菌分泌的杀菌物质称为"青霉素"。

青霉素的提取与应用

讲到这里，故事还没有结束。

亚历山大·弗莱明在研究青霉菌期间，发现**青霉菌不光能杀灭金黄色葡萄球菌，还能杀灭白喉菌、炭疽（jū）菌、链球菌和肺炎球菌等细菌**。虽然弗莱明发现的青霉菌具有高强度且广泛的杀菌作用，但是他始终未能找到提取高纯度青霉素的方法。

所以，1939年时，他将菌种提供给了研究青霉素的澳大利亚病理学家弗洛里和德裔生物化学家钱恩。弗洛里和钱恩用冷冻干燥法提取了青霉素晶体，并发现青霉素能治疗被细菌感染的动物。

在经过大量的研究后，发现青霉素在**杀死病菌的同时，又不会损害人体细胞，其原因是青霉素所含的青霉烷（wán）能使病菌细胞壁的合成发生障碍，导致病菌溶解死亡，而人和动物的细胞没有细胞壁**。基于这些研究，美国各大制药企业于1942年开始对青霉素进行大批量生产。到了1943年，这些制药企业已经掌握了批量生产青霉素的方法。

弗洛里

钱恩

1944年，英美联军在诺曼底登陆，由于大量士兵受伤，迫切需要使用抗菌药物，而青霉素作为抗菌药物立刻被投入到第二次世界大战中。青霉素的应用提高了受伤士兵的生存率。

青霉素在治疗战伤方面的神奇作用，引起了军事指挥人员的关注。从此，青霉素开辟了化学治疗的新时代。

当全世界应用青霉素总数超过亿剂后，第一起由青霉素引发的死亡报告出现了。

科学家们后来发现，多达10%的人对青霉素有过敏反应，因此，医学界得出在应用青霉素前应做皮试的结论。

皮试是皮肤（或皮内）敏感试验的简称，是临床最常用的特异性检查。皮试阴性的药物可以给患者使用，皮试阳性的药物则禁止使用。

滥用青霉素的结果

青霉素的发现和成功应用为使用抗生素治疗传染病开辟了一条新的道路，取得了划时代的成就。亚历山大·弗莱明、弗洛里和钱恩三人也因此获得了1945年的诺贝尔生理学或医学奖。

故事讲到这里就结束了，亚历山大·弗莱明眼中的光芒也消失了。

他走近少年们，语重心长地说："我所

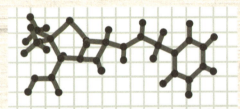

▲ 青霉素的化学结构

青霉素是第一个应用于临床的抗生素，是一种高效、低毒、应用广泛的重要抗生素。它的研制成功大幅增强了人类抵抗细菌性感染的能力，它的出现开创了用抗生素治疗疾病的新纪元，带动了抗生素家族的发展。

◀ 诺贝尔生理学或医学奖获奖报纸

第X件宝物的自白

我是一个被产黄青霉感染的哈密瓜，科学家们利用从我身上发现的产黄青霉提高青霉素的产量。

在的那个年代,青霉素是神一般的存在,被大量应用于临床上。当时,每位病人一次注射青霉素只需要20万单位。刚才林非博士说到了20世纪90年代,每位病人一次注射的青霉素用量比之前增加了近5倍。"

"是青霉素的质量不如从前了吗?"洋洋问道。

"不是的,"林非博士解释说,"现在生产的青霉素质量比从前生产的质量好得多。之所以用量加倍,是因为人们长期不科学地使用青霉素,导致许多致病菌对它产生了耐药性,有些致病菌还可以破坏青霉素的结构,很快使青霉素丧失杀菌活性。因此,为了保证治疗效果,不得不增加青霉素的用量。"

亚历山大·弗莱明对少年们说:"微生物与人类一直保持着亦敌亦友的奇妙关系。虽然科学家们已经打开了微生物世界的大门,看到了里面的景象,但是其中仍有大量的知识缺口等待大家发现。"

林非博士对少年们说:"故事听完了,你们去把青霉菌的有关资料上传到超级电脑上吧。我还有一些问题要向弗莱明先生请教。之后,我会给你们安排新的探索任务。"

报告

青霉菌是一种在自然界广泛存在的真菌,常见于腐烂的水果、蔬菜、肉食及衣履上,多呈灰绿色。

青霉素是从青霉菌中提炼出的抗生素,能破坏细菌的细胞壁,并在细菌细胞的繁殖期杀灭它们。

青霉素的发现者是英国微生物学家亚历山大·弗莱明,而它的提纯方法是由澳大利亚病理学家弗洛里和德裔生物化学家钱恩发明的。

地球居民的回复简讯

青霉素等抗生素只对细菌引起的感染有效,我们一定要遵从医嘱,科学用药。

为害植物的"杀手组织"

这一次,林非博士将带领少年们一起去探索人类历史上臭名昭著的"植物杀手组织"——植物病原真菌,它们是由多种真菌组成的。

林非博士强调说:"'植物杀手组织'分工明确,有的组织专门攻击玉米,有的组织专门攻击香蕉,还有的组织专门攻击其他一些植物。"

说完,林非博士便带着大家乘上了飞鹰号飞行器。

不久后,他们来到了一个外观封闭的巨大建筑前。这里是地球上顶尖的植物病理学家们工作的场所。他们在这里研究曾在历史上大规模暴发过的各种植物病原真菌,并寻找对付它们的最佳办法。

林非博士对少年们说:"我的一位老朋友就在这里工作,她是这里的研究员。稍后,你们可以去和她聊聊。"

神秘的"植物杀手组织"

孩子们刚从飞鹰号上下来,就看到了林非博士说的那位研究员前来迎接他们。

她先和林非博士聊了几句,然后对少年们说:"孩子们,我们这里有一部分对外的临时展馆,你们应该可以在那里找到一些有用的资料。"

大家跟着研究员走进一座展馆,映入眼帘的是大大小小、放着物品的玻璃罩。

眼尖的陆陆指着面前玻璃罩中的玉米,说道:"我知道这种'杀手组织',它们特别喜欢袭击玉米,在美国引发过很多灾难。"

"说来听听。"洋洋一脸期待地竖起耳朵。

"很多年以前,人们发明了一种对抗虫害的转基因玉米。虽然转基因玉米缓解了虫害问题,但被这种'玉米杀手组织'盯上了。20世纪70年代,美国就曾被这个'玉

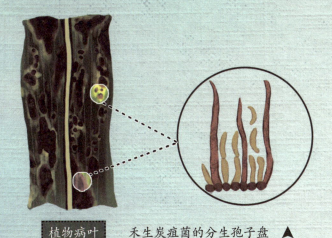

植物病叶　禾生炭疽菌的分生孢子盘 ▲

禾生炭疽菌会引起禾草炭疽病，病叶上会出现圆形、长梭形的红褐色病斑，可互相汇合布满全叶，使叶片枯死，病斑之外常有褪绿晕圈。后期病叶变为黄褐色、褐色。在衰老或死亡的叶片上产生的大量小黑点，是病菌的分生孢子盘。

米杀手组织'的头目——禾生炭疽菌袭击过。不到两年时间，印第安纳州的甜玉米罐头厂便几乎全部倒闭。"

"没想到，小小的真菌竟然能够引发如此严重的后果！"天天盯着玻璃罩中畸形的玉米说。

"这个'组织'里的异旋孢腔菌也在同时期袭击了美国。"研究员说，"不过，刚开始人们并没有在意这次小规模的玉米腐烂病。但是第二年，这种病卷土重来，它的传播速度就像野火燃烧一样快，一旦被感染，玉米的叶子就会枯黄，不到十天，玉米就会腐烂。这种病菌造成了玉米的大量减产，使很多人破产，引起了不小的社会问题。"

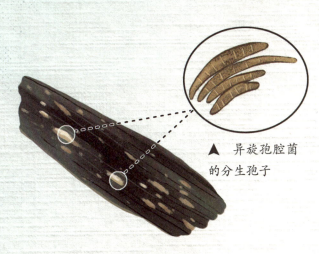

▲ 异旋孢腔菌的分生孢子

▲ 被异旋孢腔菌感染的植物症状

异旋孢腔菌主要为害禾本植物的叶、茎、穗、籽等，病斑呈椭圆形、长方形或者纺锤形，黄褐色、灰褐色。有时病斑上有轮纹，高温条件下病斑出现暗绿色浸润区，病斑呈黄褐色坏死小点。

危害禾本植物的其他病原真菌

天天说:"这个'玉米杀手组织'里的两位成员可真厉害啊!"

"当然,不光是它们,这个组织里的其他选手也不是吃素的。"林非博士推了推眼镜说,"这个'组织'的成员除了上述所说的两位,还有玉蜀黍节壶菌、玉蜀黍叶点霉、玉蜀黍指梗霉、玉蜀黍头孢霉等。这些专门针对玉蜀黍属植物的病菌,曾使美国伊利诺伊州的白玉米总产量严重下滑,有些区域的产量甚至下滑超过80%。各种交通工具的出现,不仅使人们的出行十分便利,也方便了这些'杀手'的广泛传播。1995年,这些'杀手'害得印度一大批种植玉米的农民颗粒无收。对于这些'杀手'究竟发源于哪里,即便是到了科技如此发达的现今,依旧众说纷纭,没有定论。"

少年们听完林非博士的讲述,不禁感慨这些"杀手"的破坏力竟如此之强。

▲ 被玉蜀黍叶点霉感染的玉米叶片

▲ 玉蜀黍节壶菌引起玉米褐斑病

◀ 玉蜀黍指梗霉致使玉米果穗畸形

玉蜀黍头孢霉能导致玉米患头孢霉茎枯病。其表现为玉米在抽雄期时叶片开始迅速枯萎，呈现暗绿色，茎中维管束变色，后期下部茎秆干枯、萎缩和中空。

香蕉的"不治之症"

这时，研究员又问了大家一个问题："孩子们，你们有没有觉得香蕉味的零食和我们平时吃的香蕉的味道区别很大？"

"没错！"天天回想了一会儿，说，"每次吃香蕉味的零食时，我都以为是香蕉香精的味道不对。"

研究员说："并不是。这是因为现在用的香蕉香精仿制的是一种叫'大米歇尔蕉'的香蕉的味道，而我们平常吃的香蕉是华蕉，这两种香蕉的味道确实不一样。"

"可是……"天天疑问道，"这么好吃的大米歇尔蕉，为什么我们没有吃过？"

"因为这个！"陆陆指了指另一个玻璃罩中的培养皿，说，"这是另一个'杀手组织'，它们专门消灭香蕉。目前，这个组织里有两个成员——镰孢菌和香蕉黑条叶斑病菌。20世纪，大米歇尔蕉是香蕉里的主力军，而且味道很好。但是，在20世纪50年代时，'香蕉杀手组织'中的一位成员袭击了巴拿马的香蕉种植园，几乎摧毁了美洲最主要的香蕉产地。这个'王牌杀手'就是镰孢菌，因为这次事件发生在巴拿马，所以人们把香蕉感染的这种病害称为'香蕉镰孢菌枯萎病'或'香蕉巴拿马病'。"

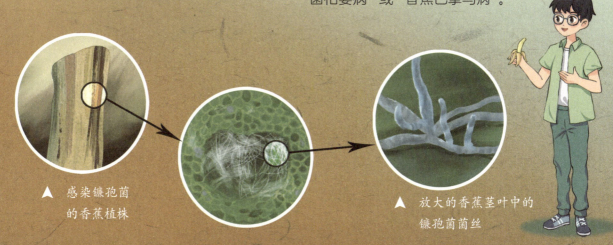

▲ 感染镰孢菌的香蕉植株

▲ 放大的香蕉茎叶中的镰孢菌菌丝

可怕的镰孢菌

"镰孢菌竟然凭一己之力几乎将巴拿马香蕉种植园摧毁,这杀伤力着实惊人!"洋洋惊叹道。

"没错,"研究员将大家领到一块显示屏前,告诉大家,"**镰孢菌的生命力顽强,传播途径多样。它不但可以通过水和土壤传播**,甚至还能在土壤中潜伏三十年以上。更可怕的是,香蕉是无法通过种子繁育的。所以,全世界的香蕉都是一株最初改良的香蕉的克隆体。如果巴拿马的香蕉园可以被这种病害摧毁,就意味着,世界上其他种植大米歇尔蕉的种植园也会被这种病害摧毁。"说到这里,研究员看了看大屏幕上的大米歇尔蕉的图片。

林非博士接着说:"到了20世纪六七十年代,这种病害已经广泛出现在全世界所有重要的香蕉产区了。因此,很多果农选择放弃味道更好、但是不抗病的大米歇尔蕉,转而选择风味稍差但是更抗病的华蕉。在人们的主动放弃和'杀手'们的进攻下,大米歇尔蕉几乎团灭。"

"那么,"洋洋的面容突然变得忧愁起来,"会不会有一天也会出现专门危害华蕉的病菌呢?"

小贴士

虽然巴拿马香蕉病使大米歇尔香蕉退出了历史舞台,但是仍有少量植株保存了下来,只不过不再适合进行大规模种植了。

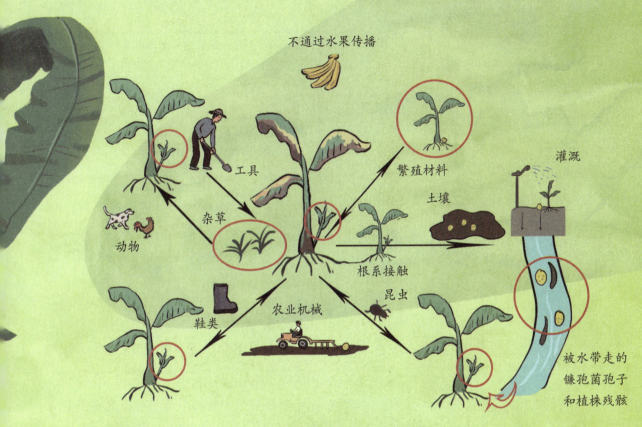

▲ 镰孢菌感染香蕉植株的多种途径

"也许会。"陆陆说，"不过，目前人类已经利用基因编辑技术开发了一种可以更好地抵抗植物病原真菌的香蕉。人类在文明发展的过程中不断解决问题和制造新问题，历史的车轮也在这种曲折中不断地前进。虽然人类已经做好了随时应对灾害的准备，但是……每个人都希望那一天不要到来。"

研究员说："孩子们，除了这些专门针对玉米和香蕉的'杀手'，展馆里还有许多针对其他植物的'杀手组织'。你们可以在展馆里逛一逛，看看谁能先找到它们。"

"那我们分头行动吧，"文文说，"找得最少的人要负责整理本次任务的探索报告哦。"

"没问题！"

少年们四散开来，像玩寻宝游戏一样，在展馆里仔细搜寻着。

水果腐烂的元凶

一段时间后，文文第一个回到林非博士和研究员的身边，紧接着，陆陆、洋洋、天天都回来了。

林非博士笑呵呵地看着四位少年，问道："你们都有什么新发现啊？"

文文率先张口："我发现了让水果长霉、腐烂的灰霉菌。那边的玻璃罩里有一串长霉的葡萄，玻璃罩外面是对此真菌的解释。"

灰霉菌又称"灰葡萄孢菌"，是一种广寄主性的，能够引起多种植物猝倒、落叶、花腐、烂果及烂窖的真菌。当环境潮湿时，

被灰霉菌感染的草莓和葡萄

◀ 灰霉菌
灰霉菌的椭圆形分生孢子在长而直立的分生孢子梗的分枝末端萌发。

植物病部表层会产生大量的灰色霉层（分生孢子梗和分生孢子），因此称为"灰霉病"。灰霉菌在空气中分布广泛，不仅能够侵染田间作物，也会给贮藏阶段的作物造成巨大的

灰霉菌随葡萄树的病残组织在土壤中越冬，在来年侵染植株。

成熟的果实因被灰霉菌侵染而可能在贮藏、运输和销售过程中腐烂。

葡萄树感染灰霉菌的过程

损失。

"不错哦，文文。你是第一个找到灰霉菌的。"研究员表扬了文文后，接着说，"生活中，我们经常会看到久放的水果、蔬菜出现长毛、腐烂的情况，这有可能是果蔬感染了灰霉菌导致的。目前，人们尚未发现有哪种植物可以对灰霉菌产生抗性。"

植物病原真菌成就的美食

"轮到我了。"陆陆卖着关子说，"我找到的这个'杀手组织'虽然使植物遭受摧残，但是，感染它之后，植物又有了新的用途。"

其他孩子一脸好奇，只有林非博士和研究员对陆陆说的心知肚明。

"别在这儿卖关子了，快说吧。"洋洋戳了戳陆陆，催促道。

"大家吃的茭白，还有在国外特别流行的'玉米黑松露'就是因为某种植物感染了黑粉菌才形成的。所以，我要说的这个'杀手组织'就是黑粉菌。"陆陆神气地说。

文文说："我们说的茭白是禾本科菰（gū）属植物膨大的茎，以前菰可是能与'五谷'平起平坐的粮食作物。在**狩猎、采集时代和农业发展初期，菰的籽粒——菰米（雕胡米），可是主要的粮食。在《周礼》等古代典籍中，古人甚至一度将菰列为与稻、黍、稷、麦、菽（shū）这五谷并列的第六谷**。不过，因为菰的产量相对较低，且不易收获，在后来的农业发展中便渐渐退出粮食作物的行列。"

感染了黑粉菌的茭白内部

菰米

林非博士听完陆陆和文文的讲解,露出赞赏的表情。研究员将大家带到黑粉菌的展示柜前,告诉大家,如今栽培的菰已经完全失去了产生菰米的能力,即便是没有被黑粉菌侵染的菰也只开花不结果。这是因为人类希望菰把更多的营养用在它的茎秆上,也就是用在茭白上。

在黑粉菌的展柜前,少年们了解到侵染菰属植物的黑粉菌被称为"菰黑粉菌",这种真菌可以使菰分泌出刺激茎秆膨大生长的化学物质,令原本细长的正常茎秆变成结构如竹笋一样的茭白。而侵染玉米的黑粉菌被称为"玉蜀黍黑粉菌",这种黑粉菌可以使玉米植株幼嫩的茎、叶、雄花序、果穗乃至气生根受到伤害。受害组织因受病原菌的刺激而肿大成瘤,病瘤还没成熟时,有一层白色或淡红色、具有光泽的薄膜。之后,薄膜转呈灰白色或灰黑色;病瘤成熟时外膜破裂,散发出黑粉,黑粉就是这种真菌的孢子(厚垣孢子),而这种孢子具有厚壁,可以抵御外界的不良环境,等到环境适合时再萌发。

"我知道你说的'玉米黑松露'是什么了!"洋洋恍然大悟,"我国南方地区称这种被感染的玉米为'乌米',而在北方地区则将其称为'米蛋'。我听说乌米很好吃,为

▼ 玉米果穗感染黑粉菌后的不同阶段

玉蜀黍黑粉菌的孢子

什么我国农户不大量种植呢？"

文文郑重地说："玉米是我国第一大粮食作物，它的产量至关重要。我们不能因为玉米黑粉菌形成的乌米美味，而牺牲玉米的产量。"

"确实，粮食产量比美味更重要！"洋洋随后说，"我突然想到南方地区茶农口中的春季风味小零食——茶桃、茶耳，它们也是因为茶树感染了一种真菌而产生的。这样说来，因感染真菌而催生出的美食还真不少呢！"

"茶桃和茶耳是因为油茶树感染了细丽外担菌才产生的。" 林非博士接过话题说，"每年春季，特别是在清明前后，油茶树开花结果时，它的枝头会冒出一些灰绿色、外形似桃的果子，那就是茶桃。茶桃旁边有一些变得肥大的叶片，那就是茶耳。"

▲ 茶桃

细丽外担菌在油茶树的花芽开放之前侵入子房，或在幼果形成时侵入，使染病部位迅速膨大成各种形状的茶桃。

茶耳 ▶

油茶树的芽或嫩叶受细丽外担菌侵害后，表现为数片叶子或整个嫩梢的叶片成丛发病，形成肥大的耳状茶耳。

听林非博士说完,洋洋和天天又将各自找到的植物病原真菌介绍了一番。其中有使咖啡树得叶锈病的咖啡驼孢锈菌;有使水稻减产,甚至颗粒无收的稻瘟菌;还有在19世纪中期导致爱尔兰大饥荒的致病疫霉等。

研究员总结道:"这些植物病原真菌所到之地,全都是植物的'痛苦与哀号',甚至还会造成灾难。而我们人类文明从诞生的那一天起,就一直在和这样或那样的灾难作

▲ 得了黄锈病的咖啡树

咖啡驼孢锈菌能引起咖啡树黄锈病。染病的植株叶背出现黄色水渍状病斑,病叶下垂,逐渐脱落,感染的植株几年内就会死亡。

◀ 得了稻瘟病的水稻

稻瘟病又名稻热病、火烧瘟、叩头瘟等,是由稻瘟菌引起的一种水稻病害。稻瘟病在水稻整个生育期中都可发生,为害秧苗、叶片、穗、节等,分别称为"苗瘟""叶瘟""穗瘟"和"节瘟"。

第X件宝物的自白

我是一种新型的生防制剂,我不感染人,也不感染牲畜和农作物,我只对危害农作物的真菌感兴趣。

斗争。在遥远的古代，人们只能看着田地里的庄稼因为病虫害的侵袭而苦恼，甚至把这些当成神明对自己的惩罚。如今，科学的发展让我们有能力去对抗这些病害。"

大家参观完展区，与研究员道别后，返回了基地。因为他们迫不及待地想要将此次采集到的植物病原真菌的资料整理好，发送给地球居民。

▲ 致病疫霉

致病疫霉是导致马铃薯患晚疫病的致病性真菌。

报告

植物病原真菌以侵入寄主植物，分泌大量效应分子的方式来获取营养、抑制植物免疫，从而促进自身的繁殖与侵染。

植物病原真菌可分为三种：一种可以在农作物死亡后继续生长，如引起植物叶病的真菌；另一种则在侵入前分泌酶或毒素杀死作物，然后侵入其中腐生；还有一种一部分时期在存活的农作物上寄生生活，另一部分时期在死亡后的农作物组织上生活。

地球居民的回复简讯

在发展中出现的问题，将在发展中得以解决。

美味的蕈菌

"黑粉菌和锈菌对人类的危害可真大啊!"文文在查看一些植物病原真菌造成重大灾害的历史文献时,再次发出了感慨,"它们好像都是担子菌门的真菌,担子菌门的真菌真可恶。"

"虽然它们属于担子菌门,但是你不能因此就认定担子菌门的真菌都是有害的。"陆陆提醒文文道,"你忘了自己爱吃的蘑菇也属于担子菌门吗?"

"啊,对。我竟然把这些美味的菌菇忘记了。"文文轻拍脑门,尴尬地笑笑说。

陆陆说:"担子菌门真菌分布极为广泛,且数量很大、种类很多,有可以食用的,也有可以药用的,当然还有许多有毒的。一般而言担子菌门分为四大亚门:黑粉菌亚门、锈菌亚门、伞菌亚门和节担子菌亚门。"

"要不,我们来一次美味探险之旅?"文文看着陆陆说,"专门去研究一下伞菌亚门及子囊菌门中的可食用种类,怎么样?"

"难道你想让我陪你一起去采蘑菇?"陆陆问道。

"哈哈,没错!果然一点就通。"文文大笑起来。

她的笑声引来了洋洋和天天。经过询

伞菌亚门可食用真菌种类及其代表

花耳纲:花耳　　银耳纲:银耳　　伞菌纲:可食用蘑菇

子囊菌门可食用真菌种类及其代表

肉座菌目:蛹虫草　　盘菌目:羊肚菌

问，他们才知道文文是想去我国食用菌产量最多的地区云南采蘑菇。

"不用问陆陆陪不陪你去啦，我们都陪你去！"洋洋笑嘻嘻地说，"博士刚才告诉我，咱们明天要一起去云南，帮助云南省食品安全委员会制作宣传图册，其中的内容就是教大家如何区分野生食用菌和有毒菌。"

第二天，在林非博士的带领下，大家顺利抵达云南。

云南位于低纬度高原，地形复杂，各处气温差异较大。每年六七月，印度洋季风在给云南带来丰沛雨水的同时，也给云南人带来了一场菌菇盛宴。在云南，当地人将野生菌叫作"菌子"或"菌儿"，把上山采菌的活动称为"拾菌儿"。

天还没亮，林非博士一行人就跟着向导一起进山了。虽然山路上的雨水还没干，但是山林中已经有许多人前来采集可食用的野生菌了。

野生菌的生长环境

"要想拾到菌儿就要早起,赶在大批拾菌人拾菌儿之前采摘,不然咱们就只能采到毒蘑菇了。"向导一边带路一边说。

"看来云南人吃菌子的热情很高啊!"文文接着向向导请教,"你们是通过哪些方法找到可食用的菌子的?"

"靠经验。"向导憨厚地笑道,"野生菌子都喜欢与松树为伴,它们经常生长在腐叶堆积的地方。"

"没错。"林非博士说,"**野生菌喜欢生长在地形复杂、常年气温适宜,且笼罩在高湿环境中的立体气候地区,如针阔混交林地带。地面上丰富的腐殖质为野生菌的生长提供了营养。**"

陆陆说:"地理环境和各地生长的植被不同,使得野生菌的种类十分多样。**野生菌的生长会受气温、日照、湿度、地势、周期等自然条件的影响,不同环境下生长的野生菌各不相同。**"

"你说得很对。"向导笑嘻嘻地说。

美味的牛肝菌

走了一个多小时的山路,少年们还没见到列表中所要找的食用菌,情绪有点儿低落。

洋洋看着被打湿的裤腿说:"我一直以为在云南的森林中到处都能捡到野生的食用菌,没想到这么难找!"

向导安慰道:"昨晚刚下过雨,今早钻出来的菌子比较小,不太好找。不过今天一定能带你们拾到所列的那些菌子的。"

果然,才走几步路,大家就有了发现。

"你们看,这是牛肝菌。"顺着向导的招

▶ 野生菌
野生菌常生长在气候湿润且腐殖质较多的针阔混交林地带。

▲ 白牛肝菌

白牛肝菌味道鲜美，营养丰富。该菌菌体较大，菌肉肥厚，柄粗壮，是一种世界闻名的食用菌。

其他种类的牛肝菌

▲ 黑牛肝菌

▲ 红牛肝菌

▲ 黄牛肝菌

呼声，少年们和林非博士都围了过去。只见一个胖乎乎的灰白色蘑菇躲藏在枯叶堆中，不敢示人。

"这也太难发现了吧！"陆陆看到牛肝菌的藏身之处后，感慨道。

文文赶紧拿出相机拍照，其他人则取出事先准备好的采摘工具。

林非博士说："**牛肝菌不单是哪一种真菌，而是伞菌目中牛肝菌科和松塔牛肝菌科等真菌的统称。**其中，除了少数的品种有毒或味苦不能食用，大部分品种均可食用。"

向导说："云南省牛肝菌资源丰富，主要有白、黄、红、黑牛肝菌。其中的白牛肝菌又称'美味牛肝菌'，生长于海拔900～2200米的松栎混交林，或砍伐不久的林缘地带，生长期为每年5月底至10月中旬，雨后天晴时生长较快，容易采摘。"

危险与美味并存的鹅膏菌

"是不是颜色越艳丽的蘑菇越危险？"天天一边将牛肝菌装进容器里，一边问向导。

"这可不一定哦！"向导边走边说，"我就拿鹅膏菌中的蘑菇举例吧。颜色艳丽的毒蝇鹅膏菌确实有毒，但颜色素淡的毒鹅膏菌和致命鹅膏菌也一样有毒。"

毒蝇鹅膏菌，即人们常说的毒蝇伞。

洋洋闻言道："这样说来，鹅膏菌就没有什么可食用的种类了？"

"那也不是。"向导说，"鹅膏菌是担子菌门伞菌目鹅膏菌科鹅膏菌属中一类真菌的总称，被发现的种类有500多种，其中一小部分是美味的食用菌，大部分是有毒菌，95%的毒蘑菇致死的案例都由其包揽。鹅膏菌毒素中毒有一定的潜伏期和迷惑性，患者的急性中毒反应通常可在24小时之内好转，而在72小时左右才表现出器官衰竭的征兆，但这时就无力挽救了。"

林非博士补充道："因为这种'延时效应'，古代欧洲有许多国家常用有毒的鹅膏菌投毒。"

熟悉历史的文文说："鹅膏菌属中是不是有一种叫凯撒蘑菇的菌种？相传罗马帝国时期的第四任统治者克劳狄乌斯就喜欢吃这种蘑菇，也因此被人投毒谋害了。"

林非博士回答道："文文说的应该是鹅膏菌属中的可食用菌——橙盖鹅膏菌。因为将凯撒作为头衔的罗马帝国皇帝克劳狄一世，也就是

毒鹅膏菌，又称绿帽菌、鬼笔鹅膏，在国外被称为"死亡帽"。其子实体一般中等大小，菌盖表面光滑，菌盖初期近卵圆形，表面呈灰褐绿色或烟灰褐色，后逐渐变为暗绿灰色。夏秋季节，毒鹅膏菌单生或群生于阔叶林地中。

看似通体雪白、人畜无害的致命鹅膏菌又称为"毁灭天使"。

文文说的克劳狄乌斯喜欢吃这种蘑菇,所以在欧洲,橙盖鹅膏菌又叫作凯撒蘑菇。克劳狄乌斯因为在一场家庭晚宴中由于食物中毒而去世,所以有不少历史学家认为,他是吃了混入橙盖鹅膏菌的毒鹅膏菌中毒而死的。"

听完故事后,向导对孩子们说:"在云南,大多数的蘑菇中毒事件都是农民误食了自采的毒蘑菇导致的。所以,大家不要轻易吃野外采摘的蘑菇。"

"草丛里好像有几枚鸡蛋!"洋洋兴奋地叫道。

"那可不是鸡蛋,而是我们刚才说的橙盖鹅膏菌。"向导笑呵呵地走过去,"咱们还是幸运的,这是**刚出土还未完全长开的菌子**,卵状的子实体外有一层白色的菌膜包裹,使其看起来酷似一枚鹅蛋或鸡蛋,因此也被称为'鸡蛋菌'。其发育成熟后,就会长成一把橙黄色的'雨伞'。"

▲ 橙盖鹅膏菌的生长过程

橙盖鹅膏菌未完全长开的时候会包裹在白色的菌膜之中,随着其生长发育,原本白色的菌膜会逐渐褪去,露出一个橙黄色的夺目球体,像是一个鹅蛋煮熟之后包裹着的橙黄色蛋黄。等到成熟之后,橙盖鹅膏菌就变成了一把标准的橙黄色的"雨伞",菌褶为黄色,菌盖和菌柄为橙黄色。

被白蚁培育长大的鸡枞菌

天天将橙盖鹅膏菌摘下,放进样品袋里,转头对向导说:"我听说有种蘑菇经常生长在白蚁窝上。"

向导回答:"你说的应该是**鸡枞(zōng)菌**,这是伞菌目口蘑科蚁巢伞属真菌的统称。鸡枞菌与白蚁是共生关系,两者互相依存。白蚁为鸡枞菌提供合适的生长环境并控制鸡枞菌的遗传结构;鸡枞菌则提供菌丝体给白蚁食用,并协助它们进行植物纤维的消化。"

陆陆说:"这和切叶蚁用树叶发酵的方法制作菌圃,种植真菌供幼蚁食用很像呢!"

"没错,"林非博士说,"白蚁与鸡枞菌特殊的共生关系使得鸡枞菌的人工栽培成为一大难题,所以,市面上能买到的鸡枞菌都是野生的,鸡枞菌也因此成为珍贵的食用菌。"

"这样说来,只要找到鸡枞菌,就能找到白蚁窝了?"洋洋说,"要知道白蚁可是林业的害虫呢!"

"但是,如果白蚁少了,鸡枞菌会不会也变少?"文文想了一会儿,说道,"我觉得人类最好不要去干预其他生物的生存环境和法则,否则会破坏生态平衡。"

"我们继续向前走吧,看看能不能找到鸡枞菌。"陆陆说。

在寻找鸡枞菌的途中,他们有幸在一堆枯木下发现了许多菌子。

"哇,这么多!"少年们惊喜地叫起来。

"我来看看都有哪些品种能吃。"向导

◀ 白蚁巢体上长出的鸡枞菌子实体

◀ 白蚁巢上生长出的"小白球"状菌丝体

说着，俯身查看起来，其他人也一并凑上去观察。

非褶菌目

"还真不少呢！"陆陆率先细数起来，"有珊瑚菌、干巴菌，竟然还有猴头菌和灵芝！"

"灵芝可是很珍贵的中药材啊，被人们称作'仙草'，我来看看灵芝在哪呢。"天天扒开陆陆，伸头探去，果然在一截枯木桩上看到一棵肾形的红褐色灵芝。

"巧了，这几种菌子全都是非褶菌目的。"林非博士说，"它们都属于非褶菌目，共同点是担子果为裸果型，没有菌褶。而且它们都能引起木材的腐朽，属于非褶菌目里的腐生菌。"

天天说："猴头菌我知道，它也是一种中药材，有助消化的功效。市面上常有猴头菌制成的食品和药品。但是珊瑚菌和干巴菌很少见。"

向导咂咂嘴说："珊瑚菌是拾菌节餐桌上的常客，干巴菌虽然不中看，但是美味至极。"

▶ 珊瑚菌
珊瑚菌是珊瑚菌目珊瑚菌科真菌。该菌子实体由基部生出多回分枝，基柄粗大，状如珊瑚，品种与颜色丰富，部分菌种可食用。

▲ 干巴菌
干巴菌子实体的生长周期为一年，聚集生长，呈珊瑚状，是珍贵的野生食用菌。

▶ 灵芝
灵芝属于非褶菌目多孔菌科灵芝属真菌。子实体有柄，小柄侧生。菌盖呈扇形、肾形、半圆形或近圆形，具有沟纹，表面呈褐黄色或红褐色、血红至栗色，有时边缘逐渐变成淡黄褐色至黄白色，有类似漆样光泽。

▶ 猴头菌
猴头菌又称"猴头菇""刺猬菌"，属于非褶菌目猴头菌科猴头菌属。其通常生长在栎、胡桃等阔叶树种的立木及腐木上，以子实体入药。

常见的食用菌

"听你们说的,我都有些饿了。"陆陆摸了摸肚子说。

向导笑眯眯地说:"等把计划中的菌子找完,我就带大家去尝一尝云南的菌子宴。"少年们听后,干劲十足,纷纷请求向导快点儿带他们去菌子多的林区寻找。

在寻找途中,向导想考考少年们,便问道:"你们平时在市场上看到的食用菌基本上都是人工种植的,不论什么季节都能买到。谁来说说都有哪些种类比较常见?"

文文掰着手指头说:"我们家吃得最多的蘑菇有香菇、金针菇、双孢菇、鸡腿菇、平菇、杏鲍菇;哦,平时还会用竹荪(sūn)、羊肚菌等煲汤。"

"停!你们家是不是就没有不喜欢吃的蘑菇?"陆陆夸张地说,"照你这样说下去,市场上常见的蘑菇种类都快被你说光了。"

文文不好意思地笑笑:"我们都不挑食,而且吃的食物种类越丰富,营养就越全面嘛。"

口蘑科的食用菌代表

"市场上大部分的食用菌都属于担子菌门伞菌纲伞菌目,伞菌目也叫'蘑菇目',所以人们统称它们为'蘑菇'。不过,它们

▶ 香菇

香菇是伞菌目类脐菇科香菇属真菌,菌盖边缘常有污白色毛状或絮状鳞片,因菇纹裂开似花,又称"花菇"。

> ◀ 松口蘑
> 松口蘑是口蘑科口蘑属松口蘑种真菌，常被叫作松茸。其菌盖呈扁半球形至几近平展，污白色，表面花纹与香菇菌盖花纹相似。松口蘑生长开的菌盖直径可达25厘米。

分属于伞菌目的不同科属。下面，就由我来给这些蘑菇分类吧。"陆陆自告奋勇地说，"根据最新的分类系统，**香菇属于类脐菇科香菇属真菌**。香菇起源于中国，菌肉肥厚，味道鲜美，是世界第二大菇；金针菇以及珍贵的松茸都属于口蘑科，口蘑科的菌褶大部分都是白色的。金针菇的菌盖呈球形，黄褐色，表面黏滑，基部相连，呈簇生状，其干品形似金针菜，故名金针菇。松口蘑就是咱们平时说的松茸……"

陆陆还没说完，洋洋便打断他的话，问道："金针菇不是白色的吗？为什么你说它是黄褐色的？"

"正常生长的金针菇确实是黄褐色的，而且菌盖比市面上买的金针菇要大，菌柄也更粗一些。"向导解释说，"市场上常见的金针菇呈白色，是因为其生长的环境中氧气含量少，二氧化碳浓度高导致的。"

天天开玩笑地说："市场上的白色金针菇应该叫银针菇才对！"

"哈哈……"大家的笑声在森林中飘荡。

人工种植的金针菇

野生金针菇
金针菇的中文名为"毛柄金钱菌"，是口蘑科金针菇属菌类。金针菇属于低温型的食用菌，最适合的生长温度在8℃左右，也被称为"冬菇"。

蘑菇科里的食用菌

走了十多分钟,前面的向导突然停住了,大家纷纷向前询问情况。

洋洋看着向导驻足的地面上有几朵流着黑色汁液的蘑菇,问道:"咦,这是什么蘑菇,怎么长得那么恶心?"

陆陆看到蘑菇后,笑道:"洋洋,你吃它的时候怎么没说它恶心呢?"

"我才不要吃它,你看它流出来的黑色液体,真不像能吃的蘑菇。"洋洋嫌恶地向旁边退了退。

"鸡腿菇,你爱吃吗?"陆陆嘿嘿地笑了两声,"你说的这个长得恶心的蘑菇就是你平时爱吃的鸡腿菇哟!"

"怎么可能?"洋洋不敢相信,"我平时吃的鸡腿菇白白嫩嫩的,而且形状像鸡腿,这朵黑乎乎的蘑菇怎么可能是它?"

林非博士看着洋洋笑着说:"这确实是鸡腿菇,只不过是开伞后的**鸡腿菇,学名叫'毛头鬼伞'**。用'毛头'一词是因为其菌盖上生着一层毛状鳞片;用'鬼伞'

◀ 人工种植的毛头鬼伞(鸡腿菇)

▲ 野生毛头鬼伞生长中的两个阶段

一词，是因为其在生长后期，当菌盖展开时像一把伞，在传播孢子时边缘的菌褶溶化成墨汁状液体，看起来'鬼'气十足。"

"这算是蘑菇长残了吧？"洋洋感慨道，"之前是'白雪公主'，之后就变成'邪恶的巫婆'了？"

其他人看着洋洋的样子，忍不住偷笑。

"大家看，这里藏着几个小可爱呢。"天天好像在草丛里发现了什么。

文文听到声音，急忙去看："这不是我们常吃的白蘑菇吗？"

"还真是，"陆陆凑上去，扒开草丛，摘了两朵展示给其他人看，**"白蘑菇的学名叫双孢菇，属于伞菌目蘑菇科蘑菇属，菌肉厚实，是白色的，在受伤后就会变成淡红色。**看这个小的，白白胖胖的菌盖呈半球形，还很鲜嫩；再看这个大的，菌盖平而舒展，有些干燥，颜色微黄，边缘稍微内卷，菌褶也由初期的粉红色变成了褐色。这个大的吃起来就没有小的口感好了。"

"你真是三句离不开吃啊！"洋洋说。

"民以食为天！而且我们此次的任务不就是让人们知道哪些蘑菇可以吃，哪些蘑菇不可以吃嘛。"陆陆凭三寸不烂之舌将洋洋说得哑口无言。

◀ 双孢菇子实体

▲ 菌盖

◀ 白色的菌肉受伤后会变成淡红色

银耳和木耳

向导一边在周围查看,一边听着少年们的吵闹声,笑意不止。

"大家快来,这边有新收获。"向导的声音打断了少年们的嬉闹,他们你追我赶地跑向向导。

"发现什么品种的蘑菇啦?"少年们齐刷刷地问道。

"是一些平菇和木耳。"向导憨厚地笑笑。

"这两种食用菌我熟悉。"就连外行的天天都一眼认出了它们,"平时我见到的木耳基本都是晒干的,新鲜的很少见。"

"没错,**为了储存和运输方便,市场上的不少食用菌都是干制品,银耳也是其中之一。**"向导边说边从枯朽的树桩

▲ 木耳

上摘了几朵木耳和一簇平菇交给陆陆,装进样品袋。

"木耳和银耳名称中都带'耳'字,有些地方还把银耳叫作'白木耳',所以,它们是一类的吗?"天天问陆陆。

"犀牛和蜗牛也都带'牛'字,但它们明显不是一类的。"陆陆半开玩笑地说,"**银耳属于担子菌门银耳纲银耳目银耳科银耳属,外形呈鸡冠状或菊花状,柔软洁白,呈半透明胶质状,有'菌中之冠'的美称。而木耳属于木耳目木耳科木耳属,它的子实体表面光滑,中间凹陷,呈耳状或环状,褐色,晒干后会强烈收缩,近黑色,长有极短的茸毛。怎么看它们也不是一类的。**"

▲ 银耳

平菇和杏鲍菇

洋洋向陆陆请教道:"那平菇呢?它长得和我们印象中带有伞状'帽子'的蘑菇也不一样,它是属于哪个科的?"

陆陆说:"咱们说的**平菇**其实叫'**小白侧耳**',与蘑菇科的平菇不是一种。小白侧耳和我爱吃的**杏鲍菇**都是**伞菌纲伞菌目侧耳科侧耳属**真菌。对了,你们肯定不知道杏鲍菇的正式中文名叫什么。"

"叫什么?"其他少年异口同声地问。

▲ 小白侧耳

小白侧耳属于侧耳科侧耳属,子实体交叠丛生,菌盖呈扇状、贝壳状或不规则的漏斗状。常生长在阔叶林种树木的枯枝上或朽木上。

▼ 杏鲍菇

杏鲍菇的正式中文名为"刺芹侧耳",是侧耳科侧耳属真菌。其菌盖幼时呈弓形,后期平展,中间凹陷似漏斗状。

"刺芹侧耳!"陆陆大声地将名字说出来后,又自言自语道,"还是杏鲍菇的名字比较适合它。因为它吃起来味道像杏仁,菌肉肥厚且口感如鲍鱼。"

说完,陆陆不自觉地闭上眼睛,抿了抿嘴,好似在回味。

"好啦,别再演了。我们知道你很喜欢吃杏鲍菇啦。"洋洋看着表演欲望强烈的陆陆,忍不住调侃道。

地下黄金——松露

"我不光喜欢吃杏鲍菇,对于昂贵的松露、冬虫夏草也是很喜欢的。"陆陆对着洋洋做了个鬼脸。

"你还真会选,这两种真菌甚是难得。"文文说,"我们此行怕是很难见到了。"

"你说的松露确实不好找,它们的成熟月份在12月到次年的3月之间,之后就会腐烂;而且松露主体埋在地下3~40厘米处,很难被人发现,只有嗅觉灵敏的动物才能够闻出它们的藏身之处。"说到这里,向导忍不住笑道,"以前人们发现母猪能把它们从地底下拱出来,所以给松露取名'猪拱菌',并且当时人们喜欢用这种菌子泡酒或喂猪,根本不稀罕吃。但是现在,人们知道松露的价值了。"

陆陆故作惊讶地说:"我们竟然吃得还不如猪。"

大家被他逗笑了。

林非博士说:"**松露属于子囊菌门盘菌纲块菌目块菌科,是一类地下真菌。**目前块菌的主要食用种类为黑孢块菌、夏块菌和白块菌三种。块菌的子实体呈不规则的球形、椭圆形,棕色或褐色。有的小如花生,有的大如拳头。块菌会散发出干果的香味引诱小动物觅食,其孢子会由于随动物粪便排出而得到繁殖的机会。"

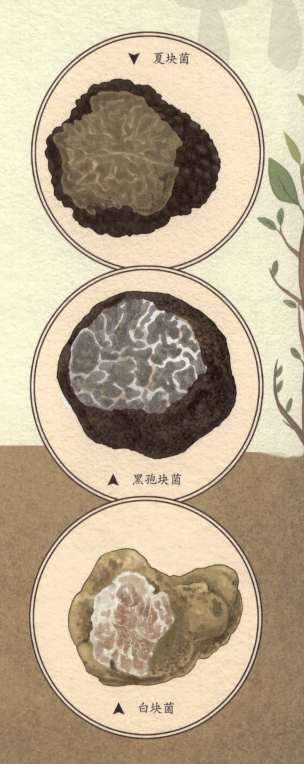

▼ 夏块菌

▲ 黑孢块菌

▲ 白块菌

化虫为"草"

"松露不好找,那么冬虫夏草应该能找到吧?"洋洋猜测道。

向导说:"虽然云南也有冬虫夏草,但是想要找到它,也非常不容易。**虫草由两部分组成,一部分是冒出地面的子座,即像草的那部分;另一部分是埋在地下的菌核,即虫的尸体。**冒出地面的子座并不像蘑菇那样明显,它混在杂草中,难以分辨。找冬虫夏草时需要拥有极好的眼力。"

为了找到冬虫夏草,少年们睁大眼睛,开启了地毯式搜索。

"大家来看,这是不是冬虫夏草?"天天的叫喊声将大家吸引了过去。

"哈哈,你是找到虫草了,但不是冬虫夏草。"陆陆笑道,"看这子座的模样,应该是蛹虫草,咱们平时吃的虫草花就是蛹虫草的子座部分。"

林非博士看了看后说:"**冬虫夏草和蛹虫草都是子囊菌门肉座菌目里的腐生菌。前者属于线虫草科,后者属于麦角菌科。**它们既不是虫也不是草,是真菌对昆虫寄生而形成的复合体,通俗地讲,就是种在昆虫身上的'蘑菇'。**冬虫夏草是冬虫夏草菌与蝙蝠蛾科幼虫的复合体;蛹虫草是蛹虫草菌与鳞翅目幼虫的茧或蛹结合的产物。**"

▲ 蛹虫草

蛹虫草又名北冬虫夏草、北虫草,简称蛹草。蛹虫草的子座单个或数个从寄主头部长出,有时从虫体节部生出,呈橙黄色,一般不分枝,头部呈棒状,表面粗糙。

▲ 冬虫夏草的生长过程

冬虫夏草的子座由虫体头部长出,生长周期为一年,呈棍棒状,黄褐色;基部和顶部颜色较深,中部颜色较浅。

羊肚菌和马鞍菌

"虽然没发现冬虫夏草,但能找到蛹虫草也不错。"陆陆边说边拿出工具采摘蛹虫草。

"找了一上午,我发现咱们这一路看到的菌类好像大都是担子菌门的,子囊菌门的食用菌并不多!"天天嘀咕着。

"确实。"向导笑呵呵地说,"我看了一下要找的食用菌清单,子囊菌门里的食用菌还差马鞍菌和羊肚菌没有找到。再走十多分钟,我们应该就可以到达一处曾发生过火灾的林子了。我去年在那里找到过羊肚菌,咱们一起去看看今年还有没有羊肚菌。"

山路崎岖,走了近二十分钟,大家才到达向导说的那片树林。因为之前火灾的原因,这片树林里仅分布着几棵侥幸存活下来的树木,其余则是草本植物和一些小型灌木。

"还真找到了。"向导庆幸地走到两朵挨着的羊肚菌前说,"去年我就是在这里挖了几朵羊肚菌,今年真的又长出来了。"

少年们挤到羊肚菌前,仔细观察。

"这菌盖表面的凹坑确实像羊肚呢!好久没吃羊肚涮火锅了,如果再配上羊肚菌,应该更美味吧?"说完,陆陆觉得自己更饿了。

羊肚菌 ▶

羊肚菌是子囊菌门盘菌纲盘菌目羊肚菌科真菌。其多生长在阔叶林或针阔混交林的腐殖质层上,菌盖表面有似羊肚状的凹坑。菌盖颜色因种类不同而有所不同;菌柄近圆筒形,呈乳白色。

第×件宝物的自白

我叫鸡油菌,外形似喇叭,颜色呈杏黄色或蛋黄色,也被称为"蛋黄菌"或"杏黄菌"。因味道鲜美,具有杏香味,我被很多人喜爱。

"我知道大家都饿了,等找到马鞍菌,咱们就下山吃饭。"林非博士承诺道,"肯定让你们大饱口福。"

大家不好意思地笑笑。

洋洋问道:"这两朵羊肚菌的颜色不一样,是因为大小和生长的时间不同吗?"

"不是,只是品种不同罢了,反正都是很好吃的食用菌。"陆陆急切地说,"咱们快点儿去寻找马鞍菌吧。"

"马鞍菌长什么样子呀,我怎么没听说过?"天天好奇道。

文文说:"光听名字就知道,肯定长得像马鞍。"

"确实,马鞍菌的菌盖呈马鞍状。"林非博士说,"马鞍菌是子囊菌门盘菌目马鞍菌科真菌。它的菌有白色的、褐色的、黑色的等,表面平滑或卷曲,边缘与柄分离,有点儿像木耳,喜欢成群生长在林地中。"

找到马鞍菌后,少年们飞奔下山,他们将搜集到的可食用野生菌的资料做成报告,发送给了地球居民。之后,他们美美地享用了一顿菌子宴。

小贴士

有些可食用野生蘑菇含有微量神经性毒素,需要长时间烹饪方可食用。

报告

可食用菌以担子菌门中的伞菌亚门种类为主,子囊菌门次之。

野生菌喜欢生长在气温适宜、湿度较高、腐殖质丰富的草地或林地中。

可食用菌种类丰富,不能以颜色作为判断标准。

 地球居民的回复简讯

这些"山野精灵"是大自然的馈赠。

▲ 多种颜色菌盖的马鞍菌

奇特而美丽的蕈菌

这顿美味的菌子宴把少年们撑得个个直不起腰来。餐后,林非博士告诉大家,本次的探索之旅还没有结束,少年们以为又要上山,纷纷说吃得太饱,走不动了。

林非博士看着瘫倒在座椅中的少年,故意拉长声音道:"哎呀,真是可惜呢。本来想带你们去看一场关于蕈菌的世界性展览,既然你们都这副模样了,就只能我和向导两个人去了,你们回去休息吧。"

林非博士的话瞬间激起了少年们的兴趣,他们摸着圆滚滚的肚子,挺直了身体,充满激情地说:"博士,我们稍微休息一会儿就行!"

休息好后,大家来到了光彩夺目的蕈菌展览现场。展厅内,有关蕈菌的展览作品多种多样,有真实的蕈菌实体,也有各种艺术作品,如有关蕈菌的摄影、绘画、雕塑等。

"哇,是竹荪,好美啊!"洋洋被展厅内的"竹荪姑娘"雕塑震惊了。那是以白、黄两种颜色的长裙竹荪为原型创作出来的两尊拟人雕塑,分别叫"白姑娘"和"黄姑娘"。

陆陆盯着雕塑说:"竹荪在合适的条件下,要经过一个多月的生长,才能形成一个鸡蛋形的菌蕾。之后,菌蕾的凸起部分会开

竹荪的生长过程

现了出来。"

"你们快来看,里面还有更多有趣的作品呢!"文文的声音压得很低,即便如此,也掩饰不了她激动的心情。

丰富多彩的蕈菌

"这是由多种颜色的蕈菌组合出的彩虹蘑菇桥。"陆陆走近观察后,说道,"主要是用小皮伞科和蜡伞科的真菌种植而成的。"

"怎么区分哪些是小皮伞科,哪些是蜡伞科呢?"天天也凑过去观察。

陆陆认真的解答道:"小皮伞科的蕈菌菌柄细长、硬挺且有韧性,不易断开;而蜡伞科蕈菌色彩鲜明,菌盖半蜡质或肥厚,表面黏滑,菌褶为蜡质。"

裂,菌盖和菌柄从开裂处相继延伸生长。当菌柄生长到一定高度时就会停止生长,菌裙渐渐由菌盖内向下展开,就如同一个穿网纱裙的仙子。但是当菌盖上的孢子成熟时,菌裙就会自溶、滴落;同时,整个子实体都会坍缩。这两尊雕塑把长裙竹荪最美的样子展

▶ 小皮伞科种类

▶ 蜡伞科种类

恐怖的红色蕈菌

"你们有没有闻到臭臭的味道?"洋洋捂着鼻子问同伴们。

其他的少年使劲地吸了口气,说道:"好像是有一股若有若无的臭味。"

陆陆说:"走,我们来找找是什么东西散发出来的味道。"

"咦?好像是这种东西散发出来的臭味。"洋洋指了指面前展出的真菌,"牌子上写的是'红佛手菌'。"

"原来是它呀,难怪这么臭呢!"陆陆一看到红佛手菌立刻就明白了臭味的来源,"这是**鬼笔目笼头菌科红佛手菌属真菌。它在未成熟前,子实体较小并被包裹在卵形的菌膜中**。当菌膜开裂后,会伸展出4~6根弯曲的红色海绵质分枝。一开始,分枝的顶部相连,随着它们的生长会逐渐分裂开来。你们看那些青黑色的黏稠液体,那是它溶解的孢子,我们闻到的臭味就是分枝内侧的孢子散发出来的,它的目的是吸引食臭昆虫,并利用它们传播孢子。"

"红佛手菌虽然看起来和佛手瓜的外形相似,但是红黑的配色,加上如爪子一般的外形,让它看起来好恐怖啊!"文文看着红佛手菌,有点儿不寒而栗。

"你们看,这里还有几种和红佛手菌相似的真菌呢!"天天好似发现了新大陆,激动地把伙伴们喊过去。

"这些是红笼头菌和红星头菌,它们的子实体颜色都是以红色为主。"陆陆看后解

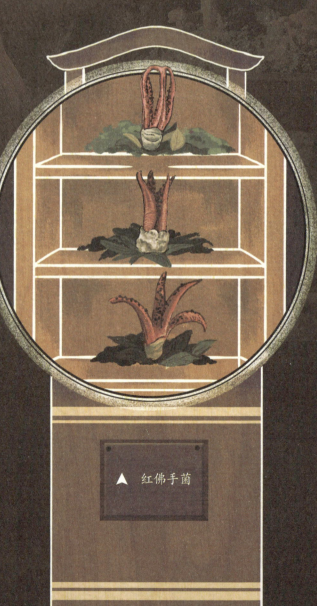

▲ 红佛手菌

说道，"它们都是鬼笔目笼头菌科笼头菌属的真菌，只是品种不同。"

"抛开难闻的气味不说，红笼头菌的外形很别致呢！"文文说，"红笼头菌的子实体外形像由格子一样的分枝围成的中空球体，如同一个红色的艺术灯罩。但是红星头菌长得就一言难尽了，它和红佛手菌一样拥有诡异的外形，让人爱不起来。"

"哈哈……"陆陆忍不住笑道，"你不觉得红星头菌的外形与海葵相似吗？"

"不要拿它和美丽的海葵相比！"洋洋郑重地说，"你看看那些红色的触手，还有中心处黏糊糊的孢子体，又恶心又恐怖。"

文文掩住口鼻，急切地说："我们还是去其他展区看看吧，这里的味道太难闻了，而且这些菌子长得也很怪异。"

▲ 红笼头菌

红笼头菌为伞菌纲鬼笔目笼头菌科腐生真菌，以腐烂的木质植物为食，常单个或成群生长在园林中。

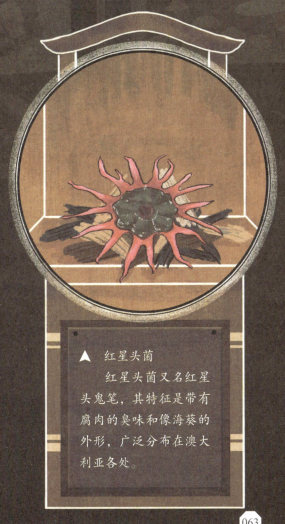

▲ 红星头菌

红星头菌又名红星头鬼笔，其特征是带有腐肉的臭味和像海葵的外形，广泛分布在澳大利亚各处。

瘆人的蕈菌

还没走出这片区域,大家就被洋洋的惊吓声叫停了。

"洋洋,这是公共场合,不可以大声喊叫,你是怎么了?"文文赶忙上前询问。

"那……那里,有几根青灰色的手指。"洋洋扭过头去,不敢再看,只是用手指了指一块腐朽的木板说,"你们看那边好像有一只'僵尸的手'。"

"哦?'僵尸的手'?我倒要看看你说的是什么。"陆陆好奇道。

大家顺着洋洋指的方向看去,不由得心中一惊。确实如洋洋描述的那般,腐朽的木板下半露着几根毫无血色的手指形物体。

幸亏陆陆知道这是什么,不然他要是第一次见到,肯定也被吓得不轻。于是,他调整好情绪说:"你们不要怕,这是一种**子囊菌门的炭角菌,叫'多形炭角菌'。一般生活在林间腐木、树桩的树皮或裂缝间**。它的子座单生或多数成束生长,形状不一,有棒状的,也有块状的,咱们现在看到的就是如同手指形状的棒状子座。"

"它长得也太吓人了!"洋洋捂着胸口,心有余悸地说。

陆陆说:"这种**多形炭角菌和鬼笔目鬼**

▲ 多形炭角菌

◀ 蛇头菌

蛇头菌是鬼笔目鬼笔科蛇头菌属真菌。其菌柄呈圆柱形；菌盖呈鲜红色，顶端长有恶臭气味的黏稠状孢子。

笔科蛇头菌属真菌长得比较相似，菌柄都是细长如棒的形状，且顶部有一节孢子体。只不过蛇头菌的颜色稍微好看一些，菌柄呈淡红色，菌盖呈红色。"

"蛇头菌虽然外形比较奇特，但是笔状的子实体看着没那么吓人，比瘆人的多形炭角菌好看多了。"文文反驳道。

"好啦，既然害怕，我们就继续向前参观吧。"陆陆无奈地说。

刚走两步，又一声惊吓叫停了他们，这次是文文发出的声音。

"这里有几个渗着血的物体。"文文赶紧招呼陆陆去看。

"你们一惊一乍的，把我和天天吓得不轻。"陆陆走过去说，"这不就是几个出血齿菌嘛，有什么好惊讶的。"

洋洋反驳道："你是因为知道这是什么，所以不怕，而我们之前从未见过，猛然一看，当然害怕了！你们看看它们的白色菌盖上渗出来的液体像不像血！"

"怪不得叫出血齿菌，这类真菌长得还真像出血的巨大牙齿。"天天说道。

▲ 出血齿菌

出血齿菌是伞菌纲血齿菌目烟白齿菌科的一种真菌。它白色的菌体上宽下窄，状如牙齿；菌盖表面的小孔会向外渗出血色的液体，因此有"恶魔牙齿""草莓加奶油"的称呼。出血齿菌普遍存在于美国西北太平洋沿岸和中欧的松树林中。

炫酷的蕈菌

"快走,快走!这个展区的蘑菇越看越阴森,我胳膊上的汗毛都立起来了。"洋洋催促着大家离开。

"那是因为冷气开得太足了吧?"陆陆哈哈大笑着调侃道。

洋洋白了陆陆一眼,转到另一个展区。其他少年也一起跟了上去。

"难道这几种也是蕈菌?"洋洋不可置信地问道。

"孤陋寡闻了吧?"陆陆不屑地说,"这些当然都是蕈菌了,不然怎么会一起展出呢?"

"哼,就你聪明!"洋洋说,"那你来给我们介绍一下,这些都是什么种类。"

陆陆双手背在身后,像老先生一样,一本正经地说:"看到这些如同鸟巢一样的蕈菌了吗?它们是伞菌目鸟巢菌科真菌,整个'鸟巢'就是这种真菌的子实体,而里面的'蛋'就是担孢子。看到这个有盖子的'鸟巢'了没?这是未成熟的子实体,上面的盖子就像是锅盖一样,将'蛋'掩护得严严实实的。一旦子实体成熟,盖子就会打开,露出'蛋'来。不同种类鸟巢菌的外形和'蛋'的颜色不同,我们现在看到的是隆纹黑蛋巢菌,它'鸟巢'的内包被上有凹槽,与啤酒盖相似,而且里面的'蛋'是银黑色的。"

"陆陆,你知道得可真多啊!"天天不由得伸出大拇指。

▲ 隆纹黑蛋巢菌

◀ 其他种类的鸟巢菌 ▶

"嘿嘿,术业有专攻嘛。"

"那……这种呢?"文文指着一根如同老旧雪茄的真菌说。

陆陆说:"这是**恶魔雪茄**,学名叫'**地星状裂杯菌**',你看到的是它还未裂开的样子,裂开后是星星形状的。"

"它们为什么要裂开?"文文继续追问。

"想裂开了呗!"陆陆嬉皮笑脸地说,"因为成熟后的它们要释放内部的孢子。它们有一个特别之处,就是在释放孢子的同时还会发出啸叫声。"

"啊?这么神奇呀!"文文惊讶道。

▲ 地星状裂杯菌的生长过程

地星状裂杯菌是世界上最罕见的蕈菌之一,也被称为"得克萨斯之星",只存在于美国得州中部和日本部分地区。

第X件宝物的自白

我是条纹苹耳菌,形状像铜管乐器小号,因全身长满茸毛,又名"多毛小号菇"。

冒烟的蕈菌

"这里有个马粪包在释放孢子,就像是头顶冒烟了似的,真好玩。"天天笑着招呼大家快来看。

"你认识这种蕈菌呀?"洋洋问天天。

天天说:"我以前去一位南方同学家玩时,见过这种菌子,当地人都管它叫'马粪包'。"

"标示牌上写的名称是'马勃'呢。"文文看了看说,"马勃是马勃目马勃科真菌的统称。马勃的子实体一般近球形或梨形,直径从几毫米到1米多不等;**通常没有菌柄,有的会有假菌柄**。马勃成熟时,顶端闭合的种类就会裂开并释放孢子,而有不规则开口的种类则从开口处向外释放孢子。因其成熟后,包被裂开,孢子裸露,外观与马粪相似而得俗名'马粪包'。"

"马勃的子实体直径能达到1米以上,是标牌上写错了吗?"洋洋似乎不敢相信。

"有的马勃种类确实能长那么大,比如巨型秃马勃。"陆陆上前解答,"马勃目中主要有两科——马勃科和地星科。在马勃科中,外包被脱落或呈颗粒状,内包被薄,顶部有孔口的种类属于马勃科马勃属真菌;而内包被无孔口,裂成碎片的种类为马勃科秃马勃属真菌。地星科真菌的外包被裂开后会反卷成星星状,内包被裂开后形成孔口或成片脱落,大多有中轴。"

"你说了这么多,我都有些混乱了。"洋洋说,"如果有实物比照就容易理解多了。"

"既然这里有马勃科马勃属真菌,我猜附近展出的肯定会有秃马勃属和地星科的真菌。我们往前走走,说不定能看到呢!"文文提议道。

内包被顶部有孔口

马勃

果然,他们在两米开外的一个透明的展示柜里看到了大如石墩的巨型秃马勃和外包被裂开如星星状的地星科真菌。

"真是百闻不如一见,太震撼了。"天天惊叹道。

"你们吃过马勃吗?"陆陆漫不经心地问。

"这东西能吃?"天天又是一惊,"我怎么不知道?我那位同学也没告诉我马勃能吃啊!"

陆陆说:"大部分马勃的幼小子实体是可以吃的,不过有些未成熟的有毒伞菌子实体和马勃长得比较像,不好区分,所以自己不能随便采摘、食用。"

内包被顶部无孔口

巨型秃马勃

内包被裂开成孔口

尖顶地星

硬皮地星

外包被裂开,反卷成星星状

发光的蕈菌

正当少年们打算去别的展区观赏时,广播里传来了提示音:"先生们,女士们,大家好!接下来是发光蕈菌的展示环节。为了达到发光效果,我们将会关闭本展区内的所有灯光,请各位注意脚下安全,不要随意走动。"

提示音刚结束,展区内就陷入一片黑暗。与此同时,展区的墙壁和柱子上慢慢出现点点荧光,接着荧光连成一片。展区中央由发光蕈菌排成的巨大伞形蘑菇也展现在大家眼前。

"好梦幻啊!""太美了!"惊叹声从人们的口中发出。

大约三分钟过后,展区内的灯光重新亮起。大家意犹未尽,回想着发光蕈菌的美。

参观者纷纷向墙壁、柱子和排列的伞形蘑菇看去,想要一睹发光蕈菌的真面目。

蜜环菌(榛蘑)的子实体不发光,但是菌丝发光。

荧光小菇的整个子实体都能发光。

发光类脐菇的菌盖会发光。

小贴士

发光蘑菇的体内有一种被称为"牛奶树碱"的物质,这种物质会在某种酶的分解下转变为荧光素,继而氧化、发光。

簇生孔小菇的菌柄比菌盖发出的荧光更亮。

"原来是这些小蘑菇在发光啊!"洋洋说,"它们和那些外形奇特的蕈菌比起来实在太普通了,我一开始都没注意到它们。真没想到它们会发光,在黑暗中是那么美丽!"

"这就叫'菇'不可貌相。"陆陆笑嘻嘻地说,"我刚才看了一下,这些发光的蘑菇大致有蜜环菌类、类脐菇类、小菇类和尚未知道分类的新物种。并不是所有发光蘑菇的整个子实体都能发光,大部分蘑菇都是菌盖发光,不过也有一部分是菌柄发光,此外,还有一部分是菌丝发光。"

"你们参观得如何了?"此时,林非博士带着向导走了过来。

"刚参观结束,真是大开眼界!"天天意犹未尽地说。

林非博士郑重地对少年们说:"云南的寻菌之旅完美收官,我稍后会针对美丽而奇特的真菌种类做个报告。至此,关于真菌的探索任务告一段落。之后,我们将会开启新的探索之旅。"

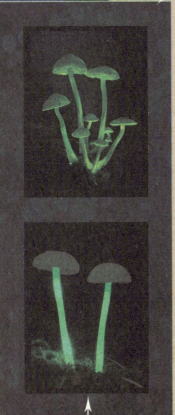

菌柄发光的新物种

报告

蕈菌的种类有很多,它们色彩鲜艳、外形奇特。美丽的蕈菌有竹荪、小皮伞、蜡伞等;瘆人的蕈菌有红佛手菌、红笼头菌、红星头菌、多形炭角菌、蛇头菌、出血齿菌等;奇特的蕈菌有鸟巢菌、地星状裂杯菌、马勃、地星、发光蕈菌等。

地球居民的回复简讯

很难想象这些有趣的蘑菇来自地球,它们如此特别,就像从外星来的。

真菌

思维导图

真菌

真菌
既不是动物，也不是植物，独立成一界，以分解和吸收自然界的有机物营生

真菌的分类
真菌分为子囊菌门、担子菌门、壶菌门、毛霉门等20个门

真菌的结构
菌体由菌丝组成，无根、茎、叶的分化

青霉菌

青霉属真菌的结构特征
分生孢子梗顶端生有小梗，形如扫帚；分生孢子呈球形、短柱形或椭圆形

青毒菌的分布
广泛分布于自然界中，如腐烂的水果、蔬菜、肉食上

霉菌

菌群
不同菌类形成的肉眼可见的集团

菌落
由单种菌体或一堆同种细胞生长繁殖到一定程度，形成肉眼可见的子细胞群落

霉菌的结构
由菌丝和孢子构成

霉菌的典型代表
虫霉、根霉、毛霉、捕虫霉等

酵母菌

酵母菌的细胞形态
球状、卵圆状、椭圆状、柱状、链状

酿酒酵母的应用
食品、医药、饲料、化工等

致病性酵母菌
白色念珠菌、白色隐球菌等

其他种类的酵母菌
茶酵母菌、石油酵母菌、汉逊德巴利酵母菌、布拉氏酵母菌等

植物病原真菌

青霉素的发现与应用
1928年，英国微生物学家亚历山大·弗莱明发现了青霉素，其可用于杀灭导致伤口感染的细菌

代表种类
锈菌、黑粉菌、禾生炭疽菌、壶菌、镰孢菌等

影响
使农作物减产，进而导致饥荒的发生

应对策略
轮耕、休耕、使用生石灰等

美味的蕈菌

蕈菌的结构
由子实体和菌丝体构成；其子实体包括菌盖、菌柄、菌托

伞菌亚门可食用种类
银耳纲、花耳纲、伞菌纲等

子囊菌门可食用种类
肉座菌目、盘菌目等

奇特而美丽的蕈菌

怪异的蕈菌
红佛手菌、红笼头菌、红星头菌、多形炭角菌、蛇头菌、出血齿菌等

美丽的蕈菌
竹荪、小皮伞、蜡伞等

奇特的蕈菌
鸟巢菌、地星状裂杯菌、马勃、发光蕈菌等

MICROORGANISMS
无孔不入的细菌

显微镜下的细菌

少年们来到林非博士的办公室接受新的探索任务时，发现他正在和一位全息投影客人共同享用虚拟盛宴。陆陆一眼就认出了这位客人，他正是生活在19世纪末的微生物学奠基人——法国科学家路易斯·巴斯德。眼下，他和几百年前一样，仍旧保持着用放大镜观察每一口食物的习惯，生怕自己被什么不知名的细菌感染。

"这也太夸张了吧？"洋洋惊讶地说。

就连文文也感叹道："他真的好严谨啊！和他这样的人一起吃饭，还会觉得饭菜香吗？"

好在那场十分严肃的用餐没过多久就结束了。等到全息投影一消失，林非博士立刻长舒了一口气，说道："真的是太累了……"

林非博士对少年们说："刚刚的那位先生是发明了巴斯德灭菌法的法国科学家路易斯·巴斯德。大家要知道，他所发明的灭菌术，直到现在，人类仍在使用。但是，

像他那样过分严谨的行为，在当下来看，确实是有点儿过头了。"

"博士，他似乎是在害怕什么东西，对吗？"文文问道。

林非博士点点头说："没错，他是害怕细菌。在他生活的那个年代，每年都有很多人死于各种疾病。而他穷尽一生只为了证明三个假设，分别是：食品的发酵和腐坏离不开微生物的作用；发生在人类社会的传染病疫情一定离不开致病菌的作用；我们可以培养某些特殊的致病微生物，降低它们的毒性，使它们从杀手变成疫苗。虽然他被世人评为'进入科学王国最完美无缺的人'，但我们还是要承认，巴斯德先生也有自己的历史局限性。"

"博士说得没错，"陆陆说，"事实上，我们根本没有必要去刻意回避那些微生物。除了我们前些天已经认识过的各种各样的真菌，还有微生物中的另一个巨大的种群——细菌，我们都无需忌惮。地球那么大，上至高达32000米的天空，下至深达11000米的海底，不计其数的细菌充斥在我们周围，早就把我们包围了。"

文文瞪大了眼睛，惊讶地看着陆陆。

洋洋则说："文文，你别太惊讶。就拿你自己来说，你身上的细菌数量都多到无法想象。虽然你是一个健康、讲卫生的人，但你的皮肤上有数以千亿计的细菌在生活、繁殖。"

"而这些只是皮肤上的,"陆陆接着说,"还有数以千万亿计的细菌生活在你的鼻腔和肠道中,粘连在你的头发和眼睫毛上,甚至在你眼睛表面的泪水里游泳,在你的牙釉质上钻孔。它们无处不在。"

"没错,孩子们,"林非博士接过了话茬,"微生物在地球上的各种生命活动中都扮演了至关重要的角色。甚至可以说,如果没有它们,人类可能会消失。当然,它们的活动对于人类而言是有好有坏的。

"时至今日,大多数疾病的罪魁祸首还是它们。所以,在历史上的很长一段时间里,微生物中的一个种类'细菌'被

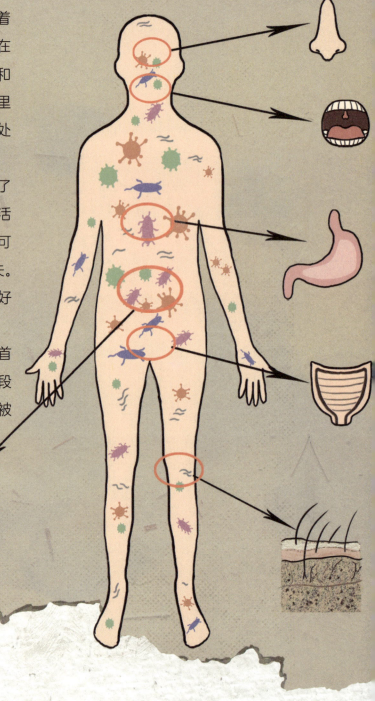

当成了所有致病菌的总称。当然,从某种程度上讲,这算是细菌的运气不好。因为它们是人类识别到的第一种致病的微生物。"

说到这里,林非博士拿起桌上的水杯,喝了一口。

"我们接下来的任务就是分别从土壤、空气和水中采集那些常见的细菌,认识一下这些无处不在的小生命。但是,在此之前,我们必须先宏观地认识一下这些小生命的形态结构和分类。"林非博士放下水杯,起身朝少年们挥了挥手,示意他们跟上,"请大家跟我来。"

"好的,明白!"少年们异口同声地回答道,然后紧跟了上去。

细菌的模样

林非博士带领少年们穿好防护衣,来到一个满是硫黄味的房间。

房间正中央的实验台上,一个冒着热气的培养皿吸引了大家的注意。

文文靠近后,惊讶地发现监测这个培养皿的温度计上显示着温度为53℃。她吃惊地问道:"这……53℃!博士,难道这里也有细菌生存?要知道,就算是人类,用这样高的水温洗澡,都要担心会被烫伤。"

林非博士笑笑,没有多做解释。他来到实验台前,将培养皿里的东西放在显微镜下观察。连接电子显微镜的大屏幕上立刻出现了许多细菌模样的生物。

少年们赶紧打开各自的翻译器。

一旁的文文说道:"这种细菌是杆状的,它应该是某某杆菌对吗?"

她的话刚刚说完,显微镜下的一个'细菌'突然辩解道:"你说谁是细菌呢?我只是长得像细菌,但我不是真正的细菌!"

文文被这突如其来的申辩吓住了,陆陆回头看向文文,说道:"严格来说,它们是另一种生物。"

"没错!"那个小家伙在显微镜下大喊道,"在你们人类发现微生物之后的很长一段时间里,你们都觉得我们家族是一种细菌,或者说是一种奇特的细菌。不过,我们确实在代谢和形态上和那些细菌太像了。"

"我知道它是什么了!"洋洋眼前一亮,说,"它是古菌。"

"看来,还是有人认识我的。"屏幕上的小家伙说。

洋洋接着说:"20世纪60年代,人类开始使用基因测序的方式对生物进行区别划分。1977年,科学家才意识到古菌并非是一种独特的细菌,因此,他们把古菌和细菌分开,将生命分为三域——古菌域、细菌域和真核生物域。虽然古菌域家族并不庞大,但也是特立独行的一支。"

▲ 古菌

▲ 细菌

▲ 真核生物

原始生命是古菌和细菌的共同祖先。

▲ 卡尔·沃斯

他可能是自达尔文以来最伟大的生物学家。他通过发现生命的第三域——古菌域,彻底改变了人类对生命的理解。

"博士,既然古菌不是真正的细菌,为什么此次探索细菌世界的任务要包含它?"站在一旁的天天说话了。

林非博士解释道:"虽然古菌和细菌(真细菌)存在根本上的差别,但在很多情况下,人们提到细菌时还是会把古菌包括进去的。"

高盐环境:盐湖 ▼

实验室主要培养的三大类古菌有产甲烷菌、极端嗜热菌和极端嗜盐菌。

小贴士

古菌不只是生活在极端环境中,它广泛分布在自然环境中。

古菌的分类

林非博士看大家似乎有很多疑问,于是便让古菌做起了自我介绍。

屏幕上的古菌转了个圈,对着少年们说:"我们古菌是地球上最早的'居民',30亿年前就存在于地球上了,那时候别说人类,就连植物都没有呢!目前,我们**古菌中有两个小家族被人类所熟知。第一个小家族的成员喜欢在45℃以上的高温中生活,所以被称作'嗜热菌';第二个小家族的成员喜欢在极端的高盐环境下生活,所以被称作'嗜盐菌'**。你们猜猜我是哪个家族的?"

文文抢先答道:"培养皿显示的温度是53℃,毫无疑问,你是嗜热菌家族的成员。此外,你的外形是杆状的,所以你应该是一种杆菌。对了,你还喜欢在充满硫元素的环境中生活……"

"好了,你都快把我的名字猜出来啦!结合这些特点不难猜出,我叫'嗜热硫氧化硫化杆菌'。嘿嘿，是不是有些拗口？"嗜热硫氧化硫化杆菌说，"当人类知道我们是独立于细菌的不同生物后，才意识到我们的巨大作用。我们的总量是地球生物总量的五分之一。所以，我们和其他生物一样，在地球的生态系统中扮演着重要角色。哦，对了，我们家族中也有成员可以生活在人类的体内，比如史密斯甲烷菌。"

"它是一种病菌吗？"文文问道。

"它不是！"嗜热硫氧化硫化杆菌斩钉截铁地否定道，"到目前为止，人类还没有发现我们家族中的成员可以致病。"

"那它是一种益生菌？"文文继续问道。

显微镜下的小家伙并没有直接回答文文的问题，只是微微一笑，说："那是个秘密！快放我回去，这里真的是太冷啦！"

陆陆把嗜热硫氧化硫化杆菌放回培养皿中。

站在一旁的林非博士说："大家已经认识了古菌。现在，不妨去探访一下真正的细菌们吧！我为大家准备了几种细菌，而它们中有三种非常危险，在抗生素和疫苗大规模应用之前，曾有无数人死于它们之'手'。它们分别代表细菌常见的三种形态——杆状、螺旋状、球状。"

于是，少年们做好防护，跟着林非博士进入了一个新的房间。

▲ 嗜热硫氧化硫化杆菌

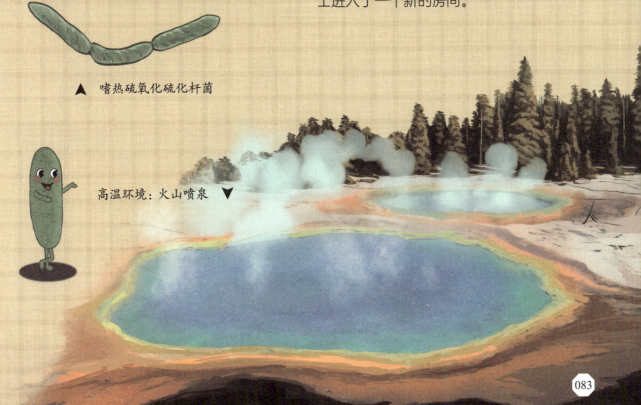

高温环境：火山喷泉 ▼

真正的细菌

在已经密封好的载玻片上,文文通过显微镜看到了第一个真正的细菌家族成员。

陆陆告诉她,这种细菌的名字叫作"伤寒杆菌"。这种细菌就像一根长满了鞭毛的短粗小棒子。它们的运动能力出色,十分活泼。

洋洋说:"**伤寒杆菌喜欢生活在水里**。它们在自然环境中的生存能力很强,在水中可以存活2~3个星期;而在含水丰富的人类粪便里,可以存活1~2个月。它们耐低温,在低温条件下也能活好几个月。"

"原来它就是伤寒杆菌啊!"文文惊讶地说,"19世纪90年代到20世纪初,布尔战争时期暴发了伤寒疫情。根据后来的统计数据,死于伤寒的士兵人数竟然是战死士兵的5倍。"

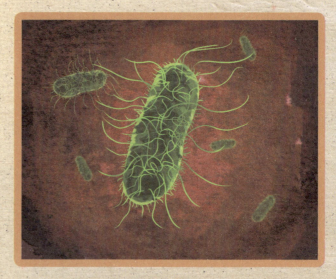

▲ 伤寒杆菌

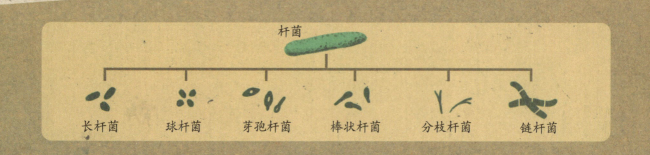

林非博士补充道:"虽然伤寒杆菌耐低温,但是不耐高温,不喜干燥。第一次世界大战时,人类就已经找到了对抗伤寒杆菌的最好办法,制造了伤寒疫苗。现在,医学界普遍采用的免疫学检测方法可以很快识别出这种细菌。即便被感染了,现代医学也有对抗它们的专业方法。"

"你们快过来。"站在另一台显微镜前观察的陆陆喊道,"这里还有一种更厉害的细菌。"

文文和洋洋赶紧走过去。

"你看它就像'C'或者逗号。它就是曾经在世界上多次流行的霍乱疫病的罪魁祸首——霍乱弧菌,是一种螺旋菌。"陆陆一边观察,一边示意几人看向屏幕。

"霍乱……"文文陷入了沉思,"有一本小说叫作《霍乱时期的爱情》,讲述的就是霍乱时期的故事。得了霍乱的人会剧烈呕吐、腹泻、发烧。当时,故事的男主角出现了类似的症状,人们都以为他得了霍乱。只有他的妈妈知道,他只是太思念女主角了……"

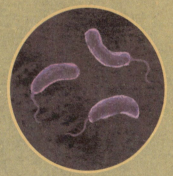

▲ 霍乱弧菌

天天听完文文的讲述后,感慨道:"霍乱确实是一种非常可怕的疾病。"

"是的。"陆陆补充说,"**霍乱弧菌广泛存在于含盐的水中,所以它们很容易感染海鲜产品**。如果人类吃了没有煮熟的或者生的海鲜,很有可能感染这种可怕的疾病。"

球菌

"是不是还有一种细菌没介绍呢?"天天提醒说。

洋洋说:"对,博士准备了三种细菌供我们观察呢。"

于是,大家在林非博士的引导下,来到了第三台显微镜前。

天天先看了一眼显微镜下的细菌,说道:"这种细菌外形像球,应该是一种球菌。但它到底是什么球菌呢?"

其他几位少年也疑惑地看着屏幕。

林非博士见少年们犯难,过来介绍道:"这是尿素微球菌,它们不像杆菌和弧菌那么好动。如果球菌单独行动,人们就把它叫作'单球菌';如果球菌两两一组活动或成链状排列,人们就把这组球菌称为'双球菌'或者'链球菌'。你们看,这是巴斯德先生从肺炎患者的痰液中分离出来的肺炎双球菌,也可以叫它'肺炎链球菌'。另外,四个球菌靠在一起呈正方形形态的球菌叫作'四联球菌';喜欢叠罗汉,组成立方体的球菌叫作'八叠球菌'。不过,最常见的要数形态如葡萄串一样的葡萄球菌。"

"比如金黄色葡萄球菌。"陆陆补充道,"这种细菌广泛存在于自然环境中,是常见

球菌 / 单球菌 / 双球菌 / 链球菌 / 四联球菌 / 八叠球菌 / 葡萄球菌

第X件宝物的自白

我是悟空古菌,与奥丁古菌、洛基古菌等都属于阿斯加德古菌门。我的出现让中国神话与北欧神话来了一次联动。

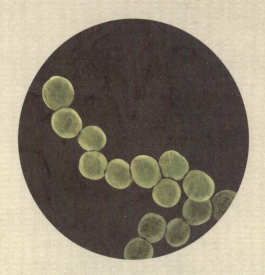

▲ 金黄色葡萄球菌

的食源性致病菌，在适当的条件下，能够产生肠毒素，引起食物中毒。"

洋洋说："虽然细菌很可怕，并且无处不在，但是，只要我们做好该做的事，如勤洗手、不吃变质的食物和来源不明的生食、不喝生水，就不会轻易被它们感染。"

"好了，大家也对细菌有了一定的了解，谁去把报告做了？"林非博士笑呵呵地问大家。

"我们要去打扫卫生，做报告的事就交给炎黄吧。"陆陆说完，一溜烟跑了。

报告

古菌和细菌（真细菌）是两种不同的生命形式。

古菌因为出现在地球生命起源初期，所以适应了当时地球的极端环境。

细菌（真细菌）属于细菌域，是所有生物中数量最多的一类，细菌的形状相当多样，主要有三大类：杆状、螺旋状以及球状。杆状的细菌有伤寒杆菌等；螺旋状的细菌有幽门螺杆菌、小螺菌等；球状的细菌有肺炎链球菌、金黄色葡萄球菌等。

地球居民的回复简讯

历史的进步并非来源于恐惧，而是来源于勇气。

无处不在的细菌

少年们为了验证地球上任何角落都有细菌的存在,绞尽了脑汁。他们花费了半年的时间,分别收集了世界各地的土壤、水源及空气样本,想要一探究竟。

土壤中的细菌

通过比对各种样本,文文发现那些来自温带草原、森林和田野的土壤样本中的细菌种类最多,数量也最多,其中就有一种深度影响了人类历史的细菌——**破伤风梭状芽孢杆菌**。这种细菌在自然环境中非常普遍,常以休眠体内生孢子——芽孢的形式存在。

陆陆告诉大家,当破伤风梭状芽孢杆菌的芽孢进入人体上的伤口时,尤其是较深或含有泥土、粉尘的伤口,就会在无氧或低氧条件下萌发,生长为活跃的细菌,并产生一种强有力的神经毒素——**破伤风毒素**。这种毒素可以干扰神经传递,导致肌肉收缩不受控制,出现痉挛和僵硬的症状,这是破伤风病的典型表现。

文文点点头:"对,我之前看到过一份文献资料,说是破伤风病早在公元前1500年的古埃及就已经出现了。在没有

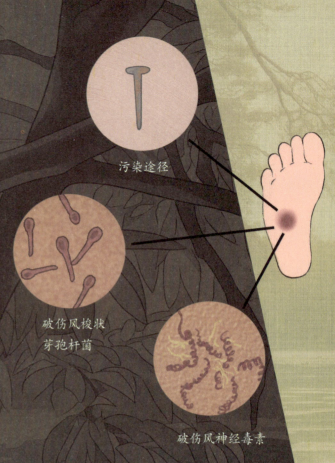

污染途径

破伤风梭状芽孢杆菌

破伤风神经毒素

▲ 破伤风患者严重的肌肉痉挛表现

▲ 亚瑟·尼科莱尔
1884年,尼科莱尔将破伤风病与伤口中的厌氧土壤细菌相关联,并假设该疾病是由毒素扩散引起的。

▲ 卡米尔·介林(左)和阿尔伯特·卡尔梅特(右)

意识到这种细菌存在之前,人们对这种古老而致命的疾病手足无措。直到19世纪末,人们才知道这种病的病因及治疗方法。"

"最早发现破伤风毒素的人是德国医生亚瑟·尼科莱尔。"陆陆说,"在他之后,意大利都灵大学的两位病理学家将破伤风患者的脓液注射到实验动物身上后,动物出现了破伤风病的症状,这才第一次证明了破伤风病的传染性。再后来,科学家为了预防和治疗破伤风病,研制出了破伤风抗毒素。"

"破伤风抗毒素就是破伤风疫苗吗?"天天问道。

文文摇了摇头,回答道:"并不是,这种抗毒素是在对破伤风病具有抵抗力的马的血液中提取的,并不是真正的疫苗。**第一份破伤风疫苗是在第一次世界大战前夕,由阿尔伯特·卡尔梅特和卡米尔·介林使用灭活破伤风毒素制备的。**随后,这种疫苗广泛投入战场,拯救了无数士兵的生命。"

除了破伤风梭状芽孢杆菌外，少年们还在土壤中发现了其他致病菌，如**产气荚膜梭菌、肉毒杆菌和炭疽杆菌。它们都属于革兰氏阳性菌，对人和动物都有致病性。**

▲ 产气荚膜梭菌

产气荚膜梭菌能分解肌肉和结缔组织中的糖，产生大量气体，导致组织严重气肿，继而影响血液供应，造成组织大面积坏死。

革兰氏阳性菌与革兰氏阴性菌相对，是利用革兰氏染色法来鉴别的两大类细菌之一。大多数化脓性球菌都属于革兰氏阳性菌，它们能产生外毒素使人致病，而大多数肠道菌属于革兰氏阴性菌，它们产生内毒素，靠内毒素使人致病。

文文说："要说产气荚膜梭菌，大家也许不太了解，但是说到气性坏疽病应该或多或少听说过。**产气荚膜梭菌是气性坏疽病原菌中最常见的一种梭菌，通常在得不到及时治疗的缺氧伤口中生长、繁殖。**由于地震中的伤者多被掩埋很长时间，感染此病的例子较多，因此也叫'地震中的传染病'。"

洋洋开口道："我之前在震后灾区做志愿者时看到过这类病患。被感染的伤口处肌肉坏死，呈暗红色或土灰色，并且失去弹性。如果及时动手术切除坏死的肌肉组织，尚可病愈；但是，一旦细菌外毒素引起严重毒血症，患者出现休克和多脏器功能衰竭，那结果就只有死亡了。"

"这么可怕！"天天不寒而栗，"肉毒杆菌应该没有前两者厉害吧？我经常看到美容广告里有关于肉毒毒素的宣传。"

"才不是！"文文赶紧说，"**肉毒杆菌也属于厌氧菌，是毒性最强的致命细菌之一。**它在繁殖过程中分泌的剧毒物——肉毒毒素，可导致肌肉松

小贴士

1克A型肉毒毒素可以使100万人呼吸肌麻痹，并且死亡。

▲ 肉毒杆菌
肉毒杆菌是肉毒梭状芽孢杆菌的简称，也称"肉毒梭菌"，广泛分布于土壤、海洋、湖泊沉积物、家畜粪便中。在厌氧环境中，肉毒杆菌可产生一种强烈的外毒素，即肉毒毒素。

弛型麻痹，甚至呼吸肌麻痹而致人死亡。军队常常将这种毒素用于生化武器。"

"啊，既然它这么危险，怎么还能被用在美容行业？"天天更加不理解了。

"这是一个美丽的意外，"林非博士说，"20世纪六七十年代，肉毒毒素转变成了药品，用于治疗肌肉痉挛性疾病。1986年，一位加拿大医生在为患者注射肉毒毒素治疗眼睑痉挛后，偶然发现患者眉间的皱纹消失了，从此，肉毒毒素便成了美容界的宠儿。"

"这些致病细菌真是没一个好惹的。"洋洋说，"炭疽杆菌不用说大家都知道，由它引起的皮肤炭疽病、肠炭疽病和肺炭疽病是多么可怕。这些致病细菌的存在弊大于利呀！"

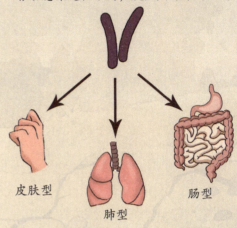

根据感染途径不同，炭疽病可分为三种

皮肤型　肺型　肠型

炭疽杆菌属于需氧芽孢杆菌属，能致使羊、牛、马等动物及人类感染炭疽病。

▲ 皮肤炭疽病出现的特征性黑色皮肤病变

林非博士说："在地球的各个生物群落中，土壤中的微生物——尤其是细菌和真菌的种类、数量越多，往往那里的生态系统运行得越好，生物种类也就越丰富。我们不能用是否利人而判定自然生物的好坏。"

水中的细菌

那些来自寒带土壤样本中的微生物，虽然不似温带土壤中的那般生机勃勃，但细菌和真菌仍旧在那里占据主导地位。少年们不免感叹，地球上哪怕1克完全没有细菌的土壤都不可能存在。

结束了对土壤样本的观测，少年们继续观测来自全球各地的水体样本。

陆陆通过对全球各地湖泊样本的观察发现，不论是在青藏高原上的纳木错，还是在全球水位最深的贝加尔湖，抑或是海拔最低、含盐量极高的内陆盐湖——死海，都有大量细菌存在。这些细菌广泛参与到湖泊生物化学循环的各个过程，当然，在不同的深度条件下，分布的细菌种类和数量也会截然不同。

洋洋通过观察海水样本则发现，**细菌也是海洋微生物中分布最广、数量最大的一类**。几乎所有已知的细菌都可以在海洋中被找到。尤其是那些从近岸地区采集到的海水样本，平均每毫升样本中都能分离出100～1000个细菌的菌落。

少年们在水中观测到的细菌，除了在人类史上留下重创的霍乱弧菌，还有伤寒杆菌、志贺氏菌属、钩端螺旋体。

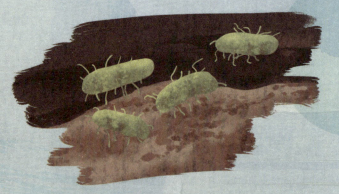

▲ 伤寒杆菌

"这不是我们在了解细菌形态的时候见过的伤寒杆菌吗？"天天有些犹豫地说，"我一直有个疑问，伤寒杆菌就是导致我们风寒感冒的致病菌吗？"

文文解释说："由伤寒杆菌引起的伤寒病，与邪寒侵袭引起的外感热病可不同。伤寒病是急性传染病，病患会出现高热、腹痛腹泻，身体上出现玫瑰色斑，甚至导致肠道出血或穿孔。全世界每年有近千万的人患伤寒病，十万人因此而死亡。医学史上有名的'伤寒玛丽事件'就能证明这种病的强大传染性。"

"这下我知道了。"天天继续道，"伤寒杆菌我算是彻底熟悉了，但是志贺氏菌属和钩端螺旋体这两种细菌，我知之甚少。"

文文回答道："那你肯定听说过痢疾。**志贺氏菌属通称'痢疾杆菌'，形态与肠杆**

菌相似,是灵长类动物的肠道致病菌,会引起细菌性痢疾。"

天天听后说:"原来让人腹痛腹泻的痢疾是由这种细菌引起的!"

文文接着说:"致病性钩端螺旋体引起的钩体病,是世界各地广泛流行的一种人畜共患病,对人体的伤害很大,也是我国重点防治的传染病之一。"

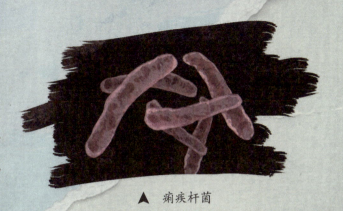

▲ 痢疾杆菌

▲ 钩端螺旋体

◀ 钩端螺旋体的传染途径

与被感染的动物直接接触

间接接触被感染动物尿液污染的疫区

疫区的危险因素有屠宰、狩猎、捕捞、耕种、游泳等。

少年们在观测环境恶劣的深海、盐滩以及极地冰层下的水体样本时，意外地在格陵兰冰川下的水体样本中发现了一种12万年前的微生物——**冰赫山单胞菌**（*Herminiimonas glaciei*），这让他们激动不已。

论个头，这种细菌**只有大肠杆菌的1/10～1/50。可它们已经进化出了一种像尾巴的鞭毛，使得它们可以在低于-56℃、缺乏氧气和营养的冰缝之间缓慢地移动。**

少年们即使用了有最高分辨率的显微镜，也只能看到这种细菌的大致模样。

空气中的细菌

在环境如此恶劣的冰川之下都有细菌的存在，那么我们赖以生存的空气中又有哪些细菌呢？

少年们继续观测，最后得出结论：空气中的细菌虽然没有土壤中的多，但基本上来自地表。

天天发现，城市空气中的细菌群落数量虽然不及森林等人迹罕至的地方多，却有更多的病原菌，如脑膜炎奈瑟菌、结核杆菌、白喉杆菌、百日咳杆菌等。而城市恰恰是地球所有环境中物种数量最少的地方。这表明，人类的活动能够强烈干扰空气中细菌的种群分布。

▲ 目前最高分辨率显微镜下的冰赫山单胞菌

第X件宝物的自白

我是耐辐射奇球菌，是一种极端微生物。因为我对各种极端环境有明显的耐受性，所以被"吉尼斯世界纪录"收录，还被誉为"世界上最顽强的细菌"。

▲ 结核杆菌可引起肺结核病

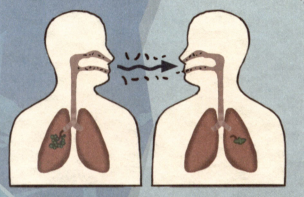

▲ 结核杆菌由飞沫传播，经呼吸道进入人体。

在这些**细菌中对人类历史影响最大的就是结核杆菌**。考古学家在勘测一处9000年前的人类定居点时，发现过结核病的踪迹，而且各国也有大量关于结核病的文字记录。

随着历史的发展，人们慢慢意识到，结核病是一种人畜共患病，而且它具有强烈的传染性。

文文说："难以想象，在18世纪末19世纪初的欧洲，人们竟然将这种细菌导致的结核病与当时社会主流的浪漫、柔弱的审美倾向联系在一起。因为得了结核病，人会形体消瘦、肤色苍白，看上去像极了某种'为爱情而痛苦的贵族'，有一种病态美。"

结核杆菌是引起结核病的病原菌，该菌可侵犯全身各器官，但以引起肺结核最多见。结核病是一种古老的疾病，全球广泛分布，是细菌感染性疾病致人死亡的首要原因。

"这种美真的会要命啊！"陆陆感概万千地说，"幸亏到了19世纪末，**德国细菌学家罗伯特·科赫发现并证明结核菌是人类结核病的病原菌**，并且在20世纪初，阿尔伯特·卡尔梅特和卡米尔·介林两位科学家发明了针对结核病的疫苗——卡介苗。"在很长一段时间里，接种卡介苗一直是人们预防结核病感染的唯一办法。"

文文说："空气中的这些致病菌很多都会引起小儿感染，所以人们从小就要接种预防性疫苗。比如，白喉杆菌疫苗、百日咳杆菌疫苗、流脑疫苗。**白喉杆菌是引起小儿白喉的病原菌，1～5岁儿童最易感染**。白喉杆菌感染人体后，会在人体的鼻、咽黏膜上繁殖并分泌外毒素，形成灰白色膜状物，称为'假膜'。由于咽、喉、气管黏膜水肿及假膜脱落，会致使感染者呼吸道阻塞，甚至窒息而亡。而**百日咳杆菌的外毒素会导致感染者出现阵发性的痉挛咳嗽，病程可持续2～3个月，俗称百日咳**。易感儿童接触病人后的发病率接近90%，1岁以下患儿的病死率最高。"

陆陆听后，庆幸地说："这两种病原菌都是由飞沫传播的，幸亏医学发达，已经有了这些病原菌的疫苗，不然孩子们可就遭殃了。"

文文说："没错。脑膜炎奈瑟菌也是少儿易感的病原菌，会导致感染者患上脑膜炎。而且这种病菌只感染人类，不寄生在其他动物体内，是唯一一种令细菌性感染脑膜炎成为流行病的病菌。全球约10%的成人的鼻、咽中有它的踪迹。"

"嗯，针对这种致病细菌，科学家们研制出了流脑疫苗。"洋洋说。

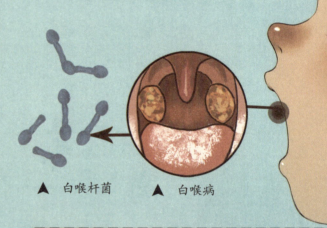

▲ 白喉杆菌　　▲ 白喉病

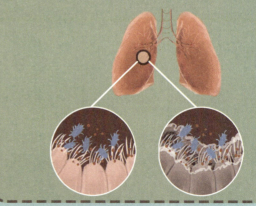

百日咳杆菌进入呼吸道后，释放毒素，导致黏膜上皮细胞纤毛运动失调，大量黏稠分泌物不能排出，刺激黏膜中的感受器从而引发强烈的痉挛咳嗽。

脑膜炎奈瑟菌又叫"脑膜炎双球菌"或"脑脊髓膜炎双球菌",简称"脑膜炎球菌",因其所导致的脑膜炎而闻名。

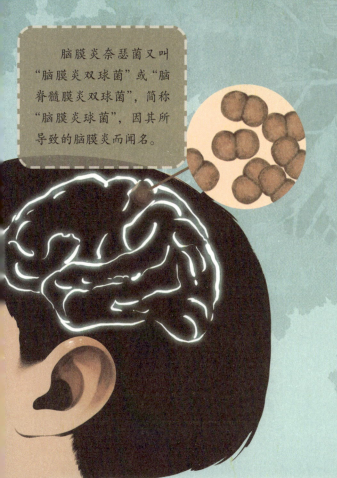

通过一系列观察,少年们证明了自然界中"细菌无处不在"这一事实。

这些微小的生物在地球的生态系统中扮演着重要的角色,比如在自然界中分解有机物质。

虽然确实有一些细菌会引起疾病,但绝大多数细菌对人类是无害的,甚至是有益的。

因此,人们不需要因为细菌的存在而感到恐慌,只要保持良好的卫生习惯,就可以有效地保护自己、预防疾病的发生,还能享受它们带来的好处。

少年们一起将整理好的资料做成报告,发送给了地球居民。

 报告

细菌广泛分布于自然界的水、空气和土壤中,起着重要的生态作用。它们参与物质循环,并分解有机物质。

对人体有害的致病菌无处不在,如土壤中的破伤风梭菌、炭疽杆菌等;水中的伤寒杆菌、痢疾杆菌、霍乱弧菌等;空气中的结核杆菌、白喉杆菌、百日咳杆菌、脑膜炎奈瑟菌等。

 地球居民的回复简讯

人类对细菌的了解和利用才刚刚开始。

为人类所用的细菌

"最近咱们探索的都是一些致病菌,现在我谈菌色变,就连洗手时都要多洗一会儿。"天天哭笑不得地说。

"这一点儿我可以做证,"陆陆说,"天天每次洗手都要用两三次洗手液,从外面回来就赶紧给衣物消毒。"

"天天,你是不是有点儿保护过度了?虽说要保持良好的卫生习惯,但没有必要过度呀,你这样和刻意回避细菌的路易斯·巴斯德有什么区别?"洋洋走过来说。

"还不是因为这些致病菌太可怕了嘛。它们那么微小,我当然要做好防护了。"

林非博士听到大家的对话后,说道:"并不是所有的细菌都那么可怕。不如,我们今天去了解一下对人类比较重要的细菌朋友们吧。"

酿醋小能手——醋酸杆菌

林非博士带着大家乘坐飞鹰号来到了中国山西的一处工厂。少年们此时已穿好装备,化身为迷你小人,被带到一片棕色的"大湖"面前。

"好酸啊!"一股酸味袭来,少年们赶紧戴上面罩。

洋洋一马当先跳入"湖"中。接着,其他三位少年一个接一个地跳了进去。他们要

小贴士

醋在中国古代又叫"醯(xī)""苦酒""酢(cù)""当臭""衣生"等。

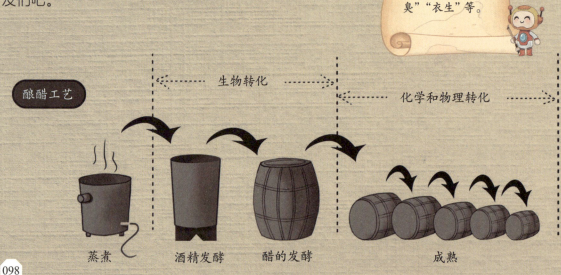

酿醋工艺

生物转化 —— 蒸煮 · 酒精发酵 · 醋的发酵

化学和物理转化 —— 成熟

认识的细菌就在这里。

"咱们分明就是在醋缸里嘛。"文文笃定地说,"这次要拜访的细菌肯定是酿醋的细菌。"

"饺子不蘸醋,吃完不走路!我就是酿醋小能手——醋酸杆菌。我们与人类的相识是个巧合。人类发现酿酒过程中稍有不慎,酒就会变酸。虽然酒变酸了,但是这种酸酸的东西,不仅能生津开胃、促进消化,还有一种独特的鲜味。于是人类乐此不疲,非要寻找到我的真身。在真正认识我之前,人类说我是一种酵母,还给我起名叫'醋酵母'。再强调一遍,人家才不是真菌里的酵母呢!"

少年们循声望去,原来是一个椭圆状的细菌在说话。

文文说:"被我说中了吧?果然是酿醋用的细菌。就是它们把酒变成醋的。"

醋酸杆菌继续说道:"我虽然是酿酒工业的害菌,但酿醋可是一把好手。欧洲人喜欢醋酸杆菌家族的纹膜醋酸杆菌,亚洲人则喜欢恶臭醋酸杆菌。对了,**恶臭醋酸杆菌并不恶臭,它只是能力比较强**。虽然人类可以用化学方法合成醋酸,但制成一款好醋最重要的不是够酸,而是它蕴含的风味。这些风味,就人类目前的技术水平而言,还得由我们提供。"

醋酸杆菌 ▶

醋酸杆菌是好氧菌,细胞呈椭圆状,可氧化各种有机物成为有机酸及其他种氧化物,常分布在果园的土壤及酸败的食物中。

▼ 酿醋工艺

甲烷菌与噬甲烷菌

少年们实在受不了醋坛子里高浓度的酸味,赶紧问了一些关于醋酸杆菌家族的事情就离开了。

随后,林非博士带着他们乘上飞鹰号来到了一座农场。林非博士笑着说:"这位细菌朋友生活的环境非常艰苦,不仅有植物遗骸、残羹剩饭,还有动物粪便。不仅如此,它们生活的地方甚至连氧气都没有。"

陆陆思索了一会儿,说道:"厌氧的细菌我研究过,但是完全不需要氧气,又这么重口味的细菌……我想,应该就只有生产沼气的甲烷菌了吧?"

"对,肯定是它。"其他几位少年纷纷点头附和。

"没错,就是甲烷菌。"林非博士说,"甲烷菌是一种古菌,科学家认为,它有可能是最早的生命体。甲烷菌不需要氧气,仅靠简单的无机物就能存活。如今的甲烷菌有着广泛的'食物'来源。除了沼气池,沼泽和水草茂密的池塘底部,一般也是甲烷菌的聚集地。它们在那里吃饱后,呼出一口气,就形成了沼气泡。"

文文说:"甲烷(沼气)来源广泛、储量

各种各样的甲烷菌

噬甲烷菌可分为好氧甲烷氧化菌和厌氧甲烷氧化菌两大类。

丰富，被视为下一代工业生物技术中最具潜力的碳原料之一。"

天天说："不过甲烷是一种高效温室气体，它可是加剧全球气候变暖的重要因素。"

"幸好有一类细菌在我们看不见的角落默默消耗甲烷。"林非博士说，"它们就是**噬甲烷菌**，也叫'甲烷氧化菌'，每年能'吃'下3000万吨的甲烷，并将其转化为可用作燃料的甲醇。它们是甲烷循环中最重要的一组细菌，而且在水陆生态环境中的碳、氧、氮循环中也起着重要的作用。"

"博士，难不成你是想让我们去体验一下它们的生活环境？"陆陆试探性地问道。

林非博士大笑起来："哈哈，你们放心，我不会让你们去那么危险的地方的。"

▲ 甲烷菌在自然界中分布广泛，如污物消化池、河湖淤泥、沼泽地、水稻田以及人和其他动物的肠道、反刍动物瘤胃，甚至在植物体内都有甲烷菌存在。

第X件宝物的自白

我是鼠李糖杆菌，是一种乳杆菌。我比其他的乳杆菌更加耐胃酸、耐胆汁的性能也更加突出。由于胃酸无法杀死我，我可以活着进入人体肠道，并在里面定殖两周之久。我是一种对人体无毒、无副作用的益生菌。

像真菌的细菌——链霉菌

之后，少年们在林非博士的带领下，前往制药厂认识了链霉菌。

当少年们看到显微镜下的链霉菌时，都以为它是真菌里的一类霉菌。其实链霉菌是一类有着类似真菌发育、分化过程的细菌。虽然链霉菌在形态上分为菌丝和孢子，在培养特征上与真菌相似，主要通过孢子繁殖，但链霉菌没有真正的细胞核和坚固的细胞壁，与细菌的直径基本相同，最适合生长的环境酸碱度也与细菌基本相同。另外，链霉菌对抗生素敏感，对抗真菌药物不敏感。这些都说明它们属于细菌，不属于真菌。

人们在发现链霉菌和它的产物链霉素之前，不幸染上肺结核往往就意味着死亡。正是链霉素的出现，使人类第一次彻底战胜了结核病。之后，链霉菌以产生丰富多样的抗生素而闻名。

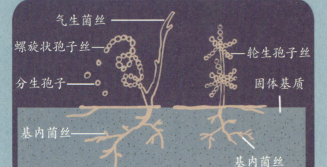

链霉菌

链霉菌的结构形态

链霉菌属是放线菌门中最大的一个属，是土壤微生物群的重要组成部分，广泛存在于湖泊、海洋和土壤等环境中。

最后，孩子们还在制药厂认识了各类乳杆菌。这些细菌很少致病，对人体基本无害。它们能协助人体对抗致病菌，有助于维持免疫系统的功能。除此之外，各类乳杆菌也被广泛应用于腌制泡菜、制作酸奶和青贮饲料等的加工行业。

在这次探索中，少年们认识到了许多为人类所用的细菌，天天也不再谈菌色变了。所以，林非博士将此次制作报告的任务交给天天完成。

◀ 乳杆菌

乳杆菌是可使葡萄糖等糖类分解为乳酸的各种细菌的总称。乳杆菌是一种无芽孢的杆菌，通常单个、成双或短链排列，也是一种厌氧菌。例如，其中的干酪乳杆菌、保加利亚乳杆菌、嗜酸乳杆菌、嗜热乳杆菌常用来作为乳酸、干酪、酸乳等乳制品生产的发酵菌种。

报告

细菌在食品、医药、环保领域扮演着重要角色。细菌不仅是病原菌，也有利于人类生活，还能保护环境。

在食品领域，一些细菌可以用于制作食品，如醋酸杆菌、乳杆菌等；在医疗领域，一些细菌可用于制药和疾病治疗，还可用于制作疫苗，如链霉菌等；在环保领域，一些细菌可用于生产清洁能源、处理废水，如甲烷菌等。

地球居民的回复简讯

自然界中没有任何生物是绝对的好或绝对的坏。

与人体共生的细菌

前两天，文文外出执行任务回来后，发现自己的胳膊上起了好多小红点，还有点儿刺痒。她忍不住用手挠了几下，结果皮肤出现了破损。她觉得自己应该是感染了细菌。正巧，林非博士打算让大家去探究细菌与人体的关系，文文当即大义凛然地决定当本次探索的实验对象，让缩小后的伙伴们操控纳米机器人进入自己的身体，探寻与人体共生的细菌的秘密。

三位少年先是来到文文的皮肤上观测，炎黄和林非博士则通过超级电脑实时观察少年们看到的情况。

人体皮肤上的细菌

皮肤是人体最大的器官，表面有1000多种不同的细菌，皮肤表面指甲盖大小的面积

人体皮肤上常见的过路菌

过路菌容易获得和清除，其中有很多是致病菌或条件致病菌，比如金黄色葡萄球菌、溶血性链球菌、白色念珠菌、肠球菌等，这些细菌如果在皮肤表面占优势，人体可能就会出现相关病症。

▲ 溶血性链球菌

▲ 白色念球菌

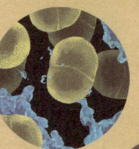
▲ 肠球菌

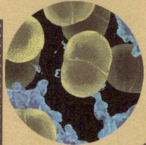
▲ 金黄色葡萄球菌

就有100万个细菌。当然，这些细菌的分布并不均匀，如干燥的手臂上和潮湿的腋窝下，细菌数量差异是巨大的。**造成皮肤表面细菌数量差异的主要原因是湿度、油脂和盐分的含量不同。**

> 常驻菌是人体的保护使者，它们持久地寄居在皮肤表面，构成保护人体免受有害细菌侵袭的屏障。

人体皮肤上的一些常驻菌

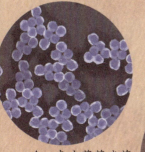

▲ 假白喉棒状杆菌

▲ 醋酸不动杆菌

▲ 痤疮丙酸杆菌

▲ 表皮葡萄球菌

▲ 寄住在皮肤上的杆菌和球菌

林非博士看着屏幕上传来的画面说："**皮肤表面的细菌分为三大类：常驻菌、过路菌、共生菌。**这些菌群有的对皮肤好，有的对皮肤不好。文文的胳膊应该是上次外出时被植物刺激过，继而被过路菌群侵扰，才感染的。"

"栖息在皮肤表面的细菌菌落对宿主的防御系统来说至关重要。"陆陆指着状如葡萄串的球菌说，"这些是**表皮葡萄球菌，与棒状杆菌、丙酸杆菌、不动杆菌等是常驻菌群**，一般情况下，它们是非致病性细菌。它们是构成皮肤屏障的一部分，与共生菌互利共生。共生菌与常驻菌和人的先天免疫系统一起维持着皮肤健康所需的微妙平衡。"

林非博士看着电脑屏幕中显示的几位少年，说："谁能想到经常被清洗的皮肤表面生活着那么多种细菌呢？不过别怕，皮肤菌群是否多样化可是衡量皮肤健康的标准之一。"

口腔里的细菌

"大家做好准备,下一站是口腔,请接受全员消毒。"

炎黄将纳米机器人和缩小的少年消毒后,一同放入了文文的口腔中。文文只能张着嘴,一声不吭地看着屏幕。

在过去,人们常说"病从口入",正是因为口腔是我们整个消化系统的入口。毕竟,比起干燥且暴露的皮肤,口腔简直是细菌们的理想家园。这里不仅食物丰富,而且温暖潮湿,特别适合各类细菌的生存和繁殖。

根据纳米机器人的扫描显示,文文口腔中的微生物超过1000种,其中的细菌是口腔中的主要居民,有六七百种。这些细菌遍布口腔,既有双歧杆菌、唾液链球菌、鼠李糖乳杆菌、植物乳杆菌、罗伊乳杆菌、副干酪乳杆菌等有益菌;也有易引起龋(qǔ)齿的异链球菌、韦荣球菌、黏性放线菌、口腔球菌和引起牙周炎的牙龈卟啉(bǔlín)单胞菌、具核梭杆菌,以及令人产生口臭的幽门螺杆菌等有害菌。

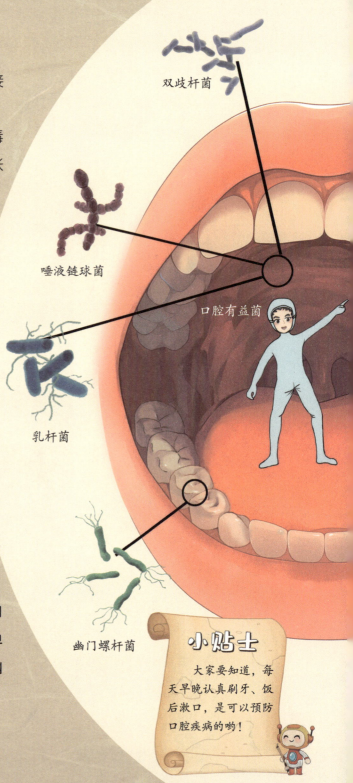

双歧杆菌

唾液链球菌

口腔有益菌

乳杆菌

幽门螺杆菌

小贴士

大家要知道,每天早晚认真刷牙、饭后漱口,是可以预防口腔疾病的哟!

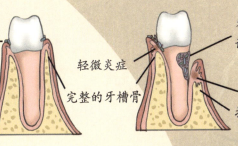

共生生物膜 — 轻微炎症 — 完整的牙槽骨

牙龈下菌群失调时的生物膜 — 严重炎症 — 损坏的牙槽骨

> 牙齿表面的细菌会形成细菌网络，即生物膜。牙齿上黄色的牙垢主要是由生物膜形成的。

口腔细菌的生存挑战

陆陆说："别看口腔里温暖潮湿，但是生活在这里的细菌并不轻松。白天人要说话，而对于口腔里的厌氧菌来说，进来的氧气可不是什么好东西。晚上睡觉时，人的嘴巴会闭上，没有氧气进入，这对口腔里嗜氧如命的细菌来说，可是要命的。虽然唾液里有口腔细菌需要的营养物质和水分，但是也有人体特意分泌出的抗菌物质，如免疫细胞、溶菌酶等，它们会杀死进入口腔的微生物。"

"真是有生存就有挑战啊！"洋洋不免感慨了一声，"文文的口腔是一处集天堂与地狱的大战场。"

口腔中的常驻细菌有时会为一块居住地大打出手；有时会联合起来，赶走不知道从哪里来的外来入侵者；有时要接受免疫系统的审查，躲避免疫系统的追杀……这些合纵连横、尔虞我诈的场景不断在我们的口腔里上演，维持着一个生态系统的动态平衡。

> 龋齿是由存在于牙菌斑内的细菌产生的酸引起的。目前，人们普遍认为变形链球菌是人类龋齿的主要病原菌。

◀ 牙龈卟啉单胞菌

◀ 具核梭杆菌

> 目前公认的牙周炎主要致病菌为牙龈卟啉单胞菌。具核梭杆菌是一种条件致病菌，若数量过多，则会刺激牙龈卟啉单胞菌，使其破坏宿主的稳态，从而诱发牙周炎。

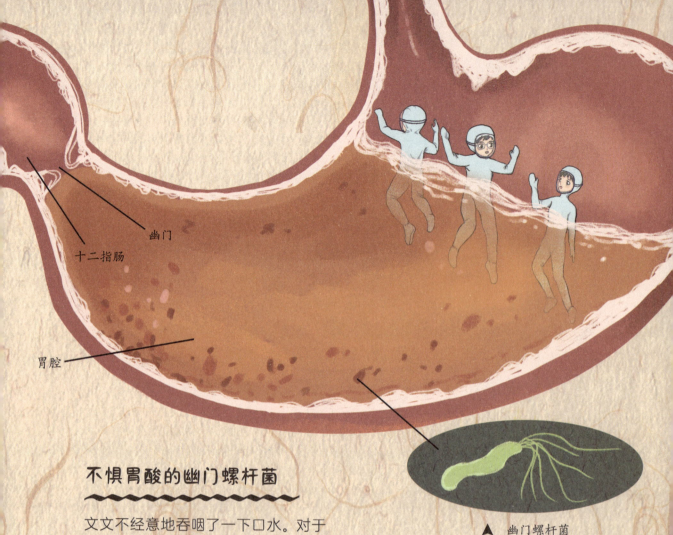

▲ 幽门螺杆菌

不惧胃酸的幽门螺杆菌

文文不经意地吞咽了一下口水。对于微小的生物来说，小小的口水就像是滔天洪水，好多来不及反应和躲藏的细菌以及其他微生物瞬间就被这些洪水卷走，当然也包括缩小的天天、洋洋和陆陆。

细菌和少年们顺着文文的消化道"一步到胃"。胃更像是巨大的修罗场，里面漆黑一片，几乎没有氧气。绝大部分细菌还没在胃液里扑腾几下，就被胃酸杀死了。好在，少年们做了充分的防护，能够抵御胃酸的侵袭。

"天啊！哪种细菌能在胃液这种极端的环境中生存？"漂浮在胃液上的洋洋惊呼道。

"你忘了每次体检的时候都要做的那项胃部幽门螺杆菌检测了？"陆陆一边游动一边说。

"对哦，幽门螺杆菌可以在这里生

存。"天天恍然大悟地说道。

"胃里不光有幽门螺杆菌。"陆陆解释道,"事实上,**不少微生物都能生活在胃部,比如普氏菌属、韦荣球菌属、罗氏菌属和嗜血杆菌属等**。只不过,幽门螺杆菌是造成慢性胃炎、胃部溃疡和胃癌的一个重要因素,因此,被人们特别关注。"

洋洋说:"人类是幽门螺杆菌的唯一传染源。幽门螺杆菌是最常见的致病菌之一,传染率近50%。"

正说着,文文的胃突然蠕动起来,少年们跟着少数幸存下来的细菌进入文文的肠道。而这里,简直就是一个崭新的世界。

少年们用携带的纳米扫描仪扫描了几下,想要看看在这里生活的细菌数量和种类。

可肠道内的细菌及其他微生物数量实在太多了,数据都快溢出来了。

扫描仪显示,文文**肠道内的细菌数量有将近40亿个,超过1500种**。

"肠道菌群家族竟如此庞大!怪不得很多科学家将其称为'人体的一个器官'。"洋洋惊讶地说。

幽门螺杆菌不仅能通过公用餐具进行口口传播,还能通过接触被带菌粪便感染的食物、物品等进行粪口传播。

人类是幽门螺杆菌唯一的传染源,传播途径是消化道。

将近100%的幽门螺杆菌感染者伴有慢性胃炎;约95%的十二指肠溃疡和70%的胃溃疡是由幽门螺杆菌引起的;约63.4%的胃癌是由幽门螺杆菌感染导致的。

① 胃内的菌群主要有链球菌属、乳酸杆菌属、葡萄球菌属、幽门螺杆菌等。

乳酸杆菌属 ▶

葡萄球菌属 ▶

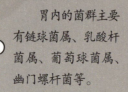

①胃

②十二指肠

② 十二指肠内的菌群与胃内的菌群相似，除此之外，还有韦荣球菌属真菌等。

肠道菌群家族的构成

陆陆说："肠道菌群家族的构成比较复杂，一般被分成三种类型。第一种是**共生菌群**，主要有拟杆菌属、梭状芽孢杆菌属、双歧杆菌属、乳酸杆菌属等。这些细菌的势力最为庞大，

③结肠

③ 结肠中的菌群主要有拟杆菌属、瘤胃球菌属、双歧杆菌属、链球菌属、真杆菌属、梭状芽孢杆菌属等。

 ◀ 拟杆菌属　　 ◀ 瘤胃球菌属

 ◀ 双歧杆菌属　　 ◀ 链球菌属

 ◀ 真杆菌属　　 ◀ 梭状芽孢杆菌属

占肠道菌群的99％以上。它们跟人体形成良好的合作关系，辅助消化多种食物，并保护人体肠道。"

"这些名字好熟悉啊，好像很多添加益生菌的产品里都有。"天天说。

"对呀，它们就是**益生菌**，是一类对宿主有益的活性微生物。"洋洋补充道。

"再来说说后两种，"陆陆继续说，"第二种是**条件致病菌群**，主要有肠球菌属、肠杆菌属等。这些家伙数量不多，但属于肠道里的不稳定因素。肠道健康时，共生菌群占压倒性优势，条件致病菌群就安分守己；但如果共生菌群被破坏了，这些家伙就会暴动，引发多种肠道疾病。第三种是**致病菌群**，如沙门氏菌属、产气荚膜梭状芽孢杆菌等。它们是健康的破坏者，本不属于肠道，但是，如果我们误食了含有这些细菌的食物，让它们进入肠道，它们就会兴风作浪，导致腹泻、食物中毒等。"

④空肠

④ 空肠里的微生物与十二指肠中的相似。

⑤回肠

⑤ 回肠内的菌群主要有肠杆菌属、双歧杆菌属、梭状芽孢杆菌属、拟杆菌属，以及韦荣球菌属真菌。

第×件宝物的自白

我是抗生素，有抑菌、杀菌的作用，但如果对我过度依赖，便会出现细菌耐药的情况，使我失去治疗效果。

天天听后，问道："既然条件致病菌和致病菌会导致健康问题，那我们为什么不把它们统统消灭？"

林非博士对着屏幕上的天天回答："正常情况下，肠道菌群对机体有保护作用，可以帮助我们消化食物中的各种成分，合成人体必备的一些维生素，并通过合成某些物质刺激和调节我们的免疫系统。肠道菌群是否平

小贴士

肠道菌群影响着人体70%的免疫力。

衡，影响着肠道和人体的健康。如果失去平衡，就意味着上述那些重要的功能会受到影响，人类就会生病，比如胃肠疾病、代谢疾病。科学家们认为，一些看似和肠道毫无关联的疾病也可能是因为肠道菌群紊乱间接造成的。"

细菌与人体关系的资料收集完毕后，炎黄将其做成报告并发送给了地球居民，希望人类能够更深刻地认识细菌的作用。

报告

人体内的细菌是构成复杂的人体微生态系统的主要微生物，对健康影响重大，主要包括肠道、口腔、皮肤和生殖道菌群。

肠道菌群是否平衡，影响着人体的健康。肠道菌群分为共生菌群、条件致病菌群、致病菌群三类。共生菌群主要有拟杆菌属、梭状芽孢杆菌属、双歧杆菌属、乳酸杆菌属等；条件致病菌群主要有肠球菌属、肠杆菌属等；致病菌群主要有沙门氏菌属、产气荚膜梭状芽孢杆菌等。

保持健康的生活习惯、避免过度使用抗生素，有助于维护菌群的平衡。

地球居民的回复简讯

我们一定会更加热爱生命的。对美丽的大千世界来说，我们是它的一部分；对体内的小居民来说，我们就是它们的大千世界。

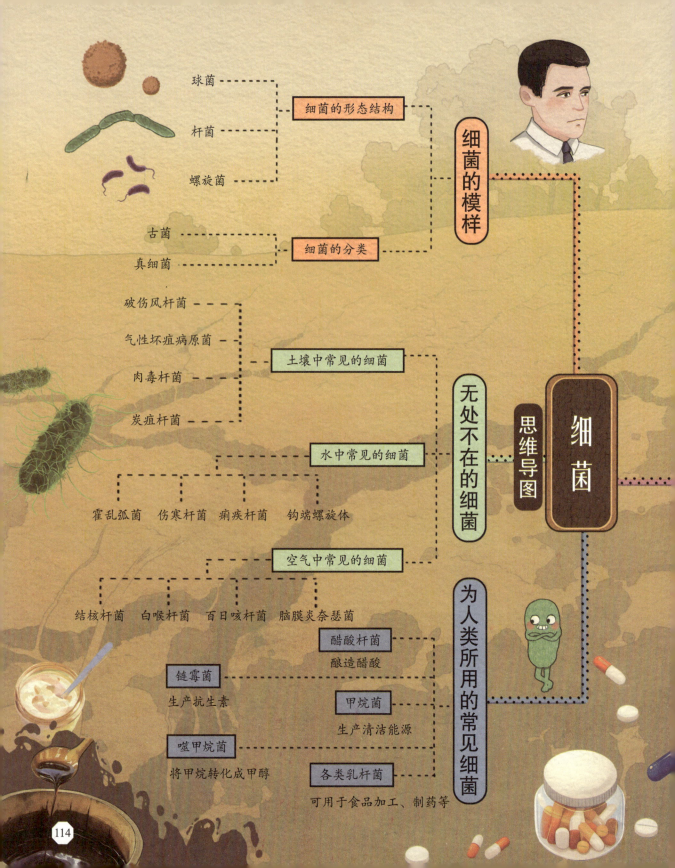

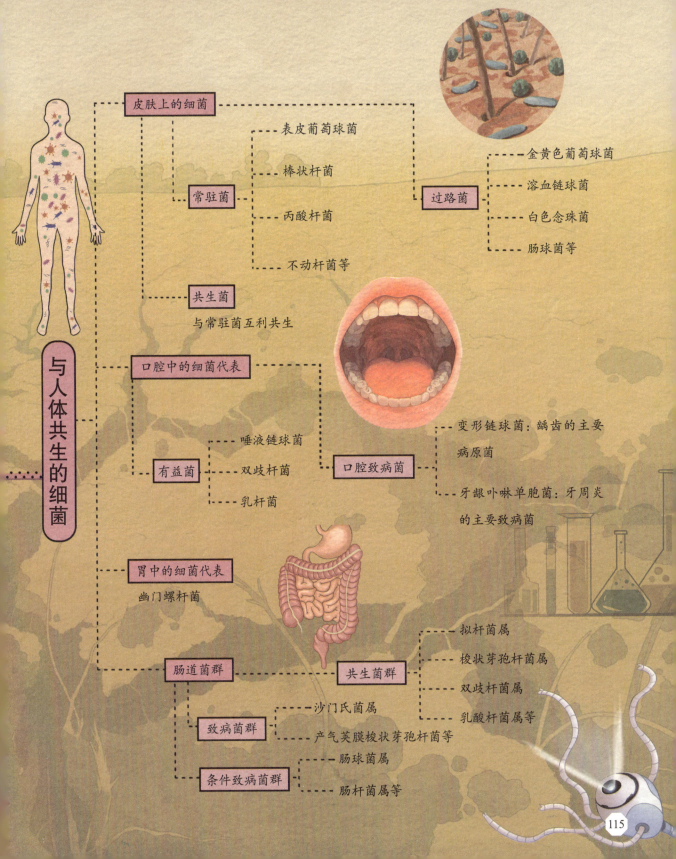

MICROORGANISMS
作恶多端的病毒

靠寄生存活的病毒

"如果地球上的病毒都消失了，那该有多好啊！"戴着口罩，喷嚏不断的文文声音沙哑地说。

"你真的这样觉得？"陆陆同样戴着口罩，他站在离文文较远的地方说。

"当然，如果没有可怕的病毒，人类就能少生很多病，比如感冒、麻疹、腮腺炎、水痘等，这样不是更好吗？"文文肯定地说。

"并不是。"陆陆回答道，"实际上，人类与病毒共存。这个世界上到处都有病毒，不光数量无法估计，种类也多不胜数，仅海洋中包含的病毒数量就可能比可观测宇宙中的恒星数量更多。据有关学者推测，所有的哺乳动物身上可能携带至少32万种病毒。如果加上那些能感染非哺乳动物、植物、陆地细菌等的病毒时，总数会达到……反正，人类无法估量。在这些病毒中，有很多会给地球上的生命带来好处，而不是危害。没有它们，人类将无法继续。如果地球上的病毒全部消失，生物多样性就如同失去了支柱的桥梁而坍塌。"

"可是，病毒是一种寄生生物，它们寄

生于生物的活细胞中,是微生物里臭名昭著的'坏小子',它带来的只有破坏。"文文因为激动,咳嗽了几声。

陆陆放低了声音说:"但有时病毒的寄生更像是共生,寄生者和宿主相互依赖,彼此受益。就像火一样,可以造成灾难,也可以带来光明和温暖。"

"你今天怎么了,如此感性?"文文不解地问。

"我只是在陈述事实。"陆陆说,"你忘了地球上出现的任何生物都有它的合理性?"

"好吧,也许是我说得太绝对了。"文文的语气变得不那么强硬了,"但是我真的很讨厌感冒!"

"感冒是使人不舒服,但是也会使免疫系统更加强大。"陆陆笑着说,"作息规律,适当锻炼,可以很好地增强免疫力哦。等你感冒好了,多执行几次任务吧,就当锻炼身体了。"

病毒，你从哪里来

"第一个发现病毒的人到底经历了什么？不会也像发现青霉素的科学家弗莱明一样，是个粗心鬼吧？"文文问陆陆。

"你猜。"陆陆调皮地说。

"瞎猜多无趣，要不咱们一起去看看第一个发现病毒的人是什么样子的？"天天提议道。

大家纷纷点头同意。

病毒的发现

时空穿梭仪按照陆陆给出的时间和地点，带着大家来到了1892年的俄国首都圣彼得堡。在一家研究所里，少年们看到一位年轻人正在对着一株叶脉上有斑点的植物挠头。

"啊……"年轻人懊恼地嚷道，"到底是什么啊？"

"这位先生，您怎么啦？"文文问道。

"这种烟草生了病，一定是因为某种细菌。可是，你看这里！"年轻人的手指指向一个过滤装置，"我拿这种过滤器一遍又一遍地过滤生病烟草的萃取液，可是，不管怎

◀ 植物学家德米特里·伊万诺夫斯基

第X件宝物的自白

我是电子显微镜，是一种可以将细胞、细菌、原子大小的物体的微观结构放大数百万倍的先进科学仪器。我是科学家研究微观世界的得力助手。

样过滤，萃取液仍然有传染性。我就是想不通，这个世界上怎么会有这样的细菌？"

"也许它不是细菌呢？"文文说道。

"什么？不是细菌？不不不，孩子，还轮不到你来教我。我是大名鼎鼎的德米特里·伊万诺夫斯基——专业植物学家！孩子，我见过的花花草草，光它们的种子堆起来都有你高了。"

少年们看到植物学家激动的样子，只好离开。

陆陆又将穿梭仪调到了六年后的同一地点。然而，植物学家德米特里·伊万诺夫斯基还在寻找那种细菌。他一边找，一边责骂一位名叫马丁努斯·贝杰林克的荷兰科学家。

是什么让德米特里·伊万诺夫斯基这样恼火呢？

原来，荷兰科学家马丁努斯·贝杰林克重复了德米特里·伊万诺夫斯基的实验，也发现了同样的现象。除此之外，他还证明萃取液中的微生物可以在植物体内繁殖。他相信，这是一种之前没有人意识到的"新物种"，是一种不是细菌但可以致病，并且可以传染的"物种"。于是，他大胆假设，存在一种可以传染疾病的、不同于细菌的病原体——"Virus"（拉丁语原意为毒素），也就是"病毒"。

马丁努斯·贝杰林克 ▶

揭开病毒的神秘面纱

少年们继续利用时空穿梭仪探寻病毒发展的历史轨迹。到了20世纪20年代,人们知道了病毒的存在,但是由于病毒太过微小,大多数病毒无法在当时的光学显微镜上观察到。虽然少年们对病毒有所了解,也多次观察过病毒,但是当他们穿越到1931年的德国,在德国工程师恩斯特·鲁斯卡和马克斯·克诺尔发明的第一台电子显微镜里看到病毒时,仍然惊讶不已。

人类终于揭开了病毒的面纱,对何为病毒进行了解答:病毒是一种个体微小、结构简单,由一条核酸长链(DNA或RNA)和蛋白质外壳(衣壳)构成的非细胞型生物。它无法单独生长,必须在活细胞内寄生并以复制的方式增殖。

小贴士

虽然病毒大都比细菌小很多,但是也有可以和细菌大小比肩的巨型病毒。

▲ 恩斯特·鲁斯卡和马克斯·克诺尔发明的第一台电子显微镜

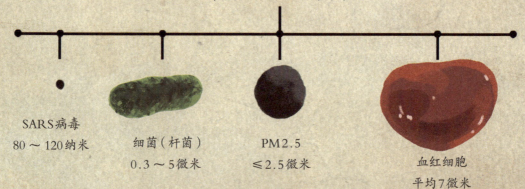

病毒与其他微小物大小的对比

SARS病毒 80～120纳米

细菌(杆菌) 0.3～5微米

PM2.5 ≤2.5微米

血红细胞 平均7微米

病毒是生命体吗？

少年们回到基地后，文文对大家说出了自己的疑问——病毒从哪里来？它们到底有没有生命？

"难不成病毒来自外星球？"天天提出了自己的假设，"它们和我们之前研究的微生物真的太不一样了。"

"病毒应该从海洋中来，海洋是生命起源的摇篮。"洋洋说道。

"那你的意思是，病毒属于生命体？"文文对洋洋的回答提出了疑问。

"我先来回答病毒是不是生命体这个问题吧。"思考良久的陆陆说，"首先，我们要知道生命体是什么。**通常生命体有四个特征：第一，它是否具有新陈代谢功能，即能不能从外界摄取营养和排泄废物；第二，它能不能在第一点的基础上生长和繁殖；第三，它在繁殖的过程中能不能遗传性状和产生新的性状；第四，它是否具有应激性，即能否对外界环境的刺激做出反应。**其次，我们再看病毒是否具有生命体的特征。很显然，病毒连基本的新陈代谢都不具有，所以它们不算生命体。"

"如果病毒没有生命，为什么可以寄生繁殖呢？"文文对陆陆的解释仍有疑虑。

这时，林非博士来了，他对少年们说："且不说**病毒连细胞结构都不具备，重要的是病毒离开了活体细胞，根本表现不出任何生命活动的迹象。它们出现在活细胞体内的唯一目的就是繁殖，对外界环境的刺激也无法做出反应。**它不会主动入侵细胞，繁殖和存活全靠'撞大运'。所以，我觉得它是介于有生命的生物和无生命的东西之间的一种存在。"

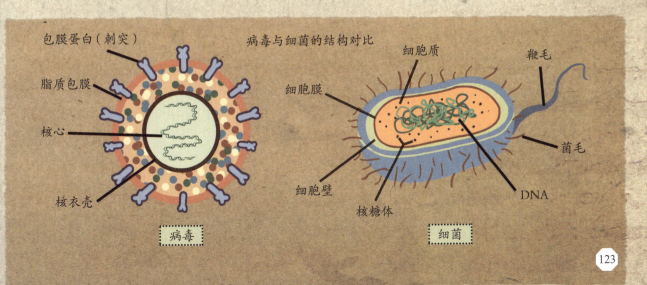

病毒与细菌的结构对比

病毒的起源假说

"博士，病毒不是来自外星球，又是来自哪里呢？"天天好奇地问。

林非博士说："**目前科学界有三个主要的假说来解释病毒的进化起源：病毒优先假说、病毒逃逸假说和病毒退化假说。**病毒优先假说是假设病毒在细胞出现之前就已经存在，以某种方式直接从原始地球中组装而成，之后随着细胞的诞生而被激活。病毒逃逸假说和病毒退化假说都是在细胞先于病毒出现的基础上提出来的。逃逸假说是假定细胞中的基因或基因组片段被泄漏，并包裹在衣壳中四处游荡，直到找到一个新的生态位开始寄生；而退化假说提出病毒起源于那些小而简单的细胞，与较大的细胞互惠共生，由于太依赖较大的细胞，不断抛弃自身的多余物件，最终把自己退化成一个只裹着遗传物质的蛋白质小壳，并且必须通过寄生活细胞才能存活。"

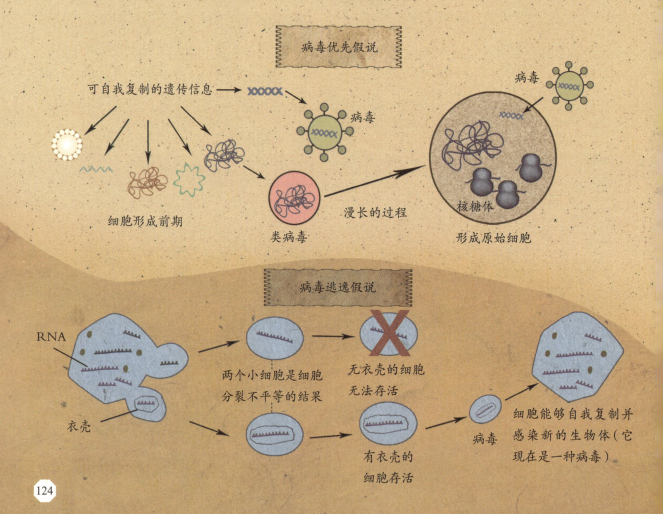

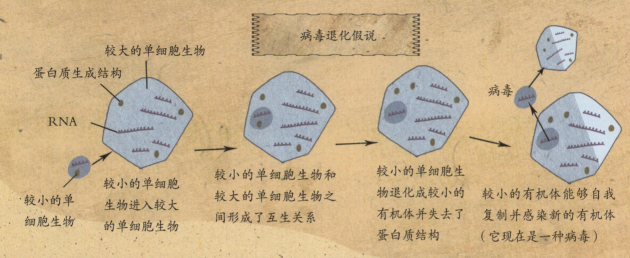

天天笃定地说:"听博士这么说,我也能提出病毒来自其他星球的假说。"

"没错,这些都是科学界提出的假说,**任何一种科学理论在未得到科学方法证明之前都表现为假说或猜想。**假说是挑战常理的科学工具,你可以提出来,但是也要有暂时的、能被大众接受的解释。"林非博士看着天天说,"虽然我们已经登陆了很多个星球,但是,我们还是没有发现病毒可能是外星物种的证据。人类的科学就是在各种假设、证明与驳倒的过程中一步一步向前发展的。所以,孩子们大胆想象吧。"

林非博士说完,就吩咐少年们把与病毒的起源和发现有关的资料做成报告,发送给地球的居民了。

报告

1892年,俄国植物学家德米特里·伊万诺夫斯基首次发现病毒;1898年,荷兰科学家马丁努斯·贝杰林克提出"病毒"的概念。

病毒是一种个体微小,结构简单,由一个核酸长链和蛋白质外壳(衣壳)构成的非细胞型寄生生物。

病毒的起源是科学界的一个谜。目前有三种主要假设:病毒优先假说、病毒逃逸假说和病毒退化假说。

 地球居民的回复简讯

在思考和辩论中,我们一步一步超越过去的自己,一步一步接近真理。

威胁粮食安全的植物病毒

洋洋从花市买了几盆水培郁金香,五颜六色的郁金香挺立着,向大家展示它们的美丽。天天也被花儿吸引住了,连连赞叹:"郁金香的颜色绚丽多彩,可真美啊!"

"因为它们感染了病毒,颜色才更加绚丽。"文文看到郁金香也走了过去,说道。

"病毒?传染人吗?"天天立刻后退了几步。

郁金香碎色病毒传播媒介之一:蚜虫

郁金香碎色病毒

受郁金香碎色病毒感染的郁金香植株

郁金香碎色病毒

文文凑近郁金香,闻了一下香味说:"放心,植物病毒不会传染人和动物,而且我们现在看到的碎色郁金香都是选育出的品种,里面没有病毒。"

"难道你没有听说过荷兰的郁金香事件?"洋洋问天天。

▲ 单色郁金香　　　感染郁金香碎色病毒后→　　杂色郁金香 ▲

天天努力地回想了一会儿，说道："好像有点儿印象。"

文文说："荷兰的郁金香事件是人类历史上第一次有记载的金融泡沫经济事件。"

"金融泡沫？说来听听。"天天对此感到十分好奇。

"金融泡沫指的是某种商品经过连续涨价之后，市场价格远远高于实际价格的一种现象。16世纪末至17世纪初，单色郁金香引入荷兰，受到当地人的追捧。后来，一种带有花纹的郁金香出现了，物以稀为贵，人们开始疯狂地购买这种郁金香的球茎。这种郁金香的价格被越炒越高，郁金香贸易的金融泡沫越来越大。突然有一天，虚幻的金融泡沫破灭了，郁金香的价格跌落到了谷底，许多商人因此血本无归。这种从天堂陡然跌入地狱的转折，给了荷兰一个不小的打击。甚至还有一些历史学家认为，就是这次金融泡沫破裂事件间接导致了当时欧洲金融中心荷兰的衰败。"

"太疯狂了！"天天突然说，"使单色郁金香长出花纹的病毒叫什么？"

"郁金香碎色病毒。"陆陆也走了过来。

洋洋说道："正好陆陆来了，让他给我们说说这个植物病毒吧。"

陆陆说道："**郁金香碎色病毒属于马铃薯Y病毒科。其主要寄主是郁金香，次要寄主是百合属植物。**侵染了这种病毒以后，郁金香的花色素合成量会发生改变，同时，花色素在花瓣表层细胞的排列分布也会发生变化，使花瓣上出现不规则的条状及火焰状花纹。"

人类发现的第一种病毒

"病毒不是19世纪才被发现吗?"天天疑惑地问,"17世纪的荷兰人就知道这种植物病毒了?"

"那时候的荷兰人还不知道郁金香变色是因为感染了植物病毒。"陆陆解释道,"侵染植物的病毒大量利用宿主细胞内的营养物质繁殖,导致杂色郁金香总是容易从茎秆处断裂。一开始,人们只以为这是由环境造成的。"

"同是植物病毒,有的植物因为病毒华丽转变,有的则遭受重创。"文文感慨道。

洋洋突然说:"咱们当时去拜访最先发现病毒的植物学家德米特里·伊万诺夫斯基时,好像没有对人类发现的第一种病毒——烟草花叶病毒进行深入探索。要不我们现在去了解一下这种植物病毒?"

洋洋的提议得到了大家的一致赞同。

他们在征得林非博士的同意后,驾驶甲壳虫号来到一处烟草种植基地,并在那里结识了一位农学家。

"孩子们,你们看,"农学家说,"现在这个季节,正常的烟草都是绿油油的,它的叶片上不会有任何花纹。而这片土地的烟草被烟草花叶病毒感染了,它的叶片厚度不均匀,上面还有很多黄绿相间的斑点。"

农学家一边往前走,一边指向另一株烟草继续说道:"这里的烟草被感染的程度更深了,它的叶片组织已经坏死,叶片上那些黄绿相间的斑点已经变成了褐色的坏死斑,用不了多久,这株烟草上的叶子就会扭曲、皱缩。你们可以从这里随便拿一片叶子,只需要进行简单的研磨、过滤,就可以得到你们想要的病毒样本了。"

▲ 染病的烟草叶

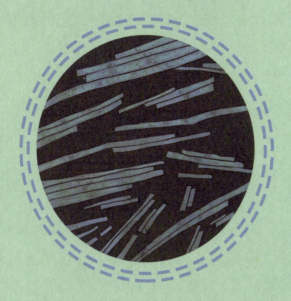

▼ 烟草花叶病毒形态

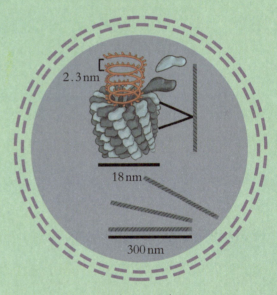

▲ 烟草花叶病毒结构

少年们拿到生病的烟草样本后，立刻回到基地。

在按照农学家的方法操作后，他们第一次在电子显微镜的帮助下窥见了烟草花叶病毒的真容。

"它是一种杆状病毒呢！"第一次见到烟草花叶病毒形态的天天激动地说。

"是的，而且看起来结构很简单，从外观上看就像是一节节细细的灯芯草。"洋洋也盯着屏幕说道。

陆陆将病毒再度放大，让大家真正看清楚烟草花叶病毒的结构。

烟草花叶病毒是一种正义单链RNA病毒，可感染多种植物，尤其是烟草和茄科的其他成员。其外壳蛋白在RNA周围自组装成杆状螺旋结构，从而形成发夹环结构。

植物病毒的多种传播途径

"烟草花叶病毒可通过病叶汁液传染给其他的健康植株,难道所有的植物病毒都是靠这种方法传播的吗?"文文询问陆陆。

"不是的。**植物病毒的主要的传播方式是通过昆虫传播**。20世纪初,科学家们已经知道昆虫也能传播植物病毒,**蚜虫、飞虱及其他刺吸式口器昆虫是植物病毒的主要传播者**。比如,能传播水稻矮缩病毒的叶蝉。叶蝉在患病稻株上吸食5分钟,就能获得毒

▲ 叶蝉在患病稻株上吸食

素。不过获毒后的叶蝉无法第一时间传播病毒,需过几天后才能传毒。携带病毒的叶蝉能终身传毒,还可以经卵传毒,而且,病毒可以在叶蝉若虫体内越冬。开春后,羽化的叶蝉就能回到稻田为害。早稻收割后,它们还能迁至晚稻上为害,而当晚稻被人们收割后,又可迁至田间杂草看麦娘、冬稻等多种禾本科植物上越冬。"

"天啊!这些小小的昆虫竟然是植物病毒传播的重要媒介。"天天惊叹道。

"除了这些传播途径,土壤中的真菌、线虫等生物也能成为植物病毒传播的媒介。"陆陆补充道。

小贴士

全寄生植物菟(tù)丝子可寄生在多株寄主上,若一个寄主受到植物病毒感染,则此病毒可能经由菟丝子传播到其他寄主上。

第X件宝物的自白

我是植物干细胞中的WUS蛋白,一旦感应到植物被病毒入侵,我就可以通过破坏细胞蛋白质合成来阻止病毒复制,从而保持植物细胞的健康状态。

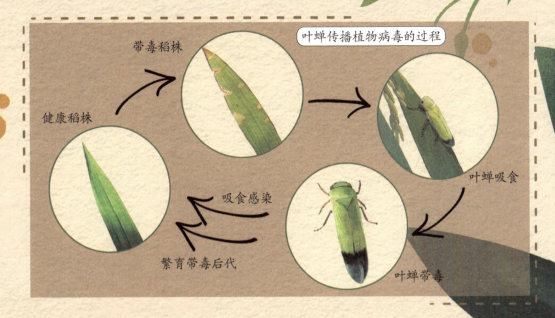

洋洋看着大家说:"既然植物病毒的探索结束了,那谁来把资料整理一下上传到超级电脑上?"

"当然是你啦,是你带来的郁金香引出了植物病毒的探索,整理资料的任务非你莫属。"陆陆笑嘻嘻地说道。

  报告

植物病毒是一种感染植物的病毒。虽然19世纪植物学家德米特里·伊万诺夫斯基发现了世界上第一种病毒——烟草花叶病毒,但是早在1576年就有关于植物病毒病的记载,荷兰杂色郁金香就是郁金香碎色病毒造成的。

 地球居民的回复简讯

郁金香感染病毒后,颜色反而更加绚丽,这应该就是因祸得福吧!

可怕的动物病毒

虽说病毒为地球带来了生物多样性,没有病毒可能就没有人类,但是病毒的存在确实给动物和人类带来了疾病及痛苦。因此,地球居民希望文明守护者搜集动物病毒的资料并对其展开研究。

在林非博士的带领下,少年们来到中国疾病预防控制中心,与疾控专家一起揭示动物病毒的秘密。

在开始研究病毒之前,疾控专家告诉大家,**生物病毒一般分为真病毒和亚病毒两大类。至少拥有衣壳和遗传物质的病毒叫作"真病毒";只含有这两种物质其中之一的病毒叫作"亚病毒"。**人们平常提到的病毒,往往特指真病毒。

生物病毒

亚病毒
也叫亚病毒因子,只含有衣壳和遗传物质核酸这两种物质之一,包含类病毒、拟病毒、朊(ruǎn)病毒。

真病毒
至少含有衣壳和遗传物质,有些还含有包膜和刺突。

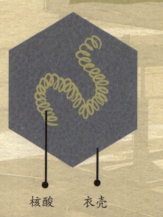

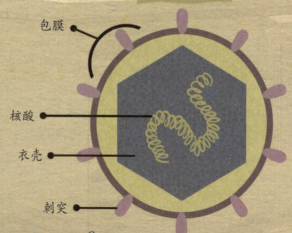

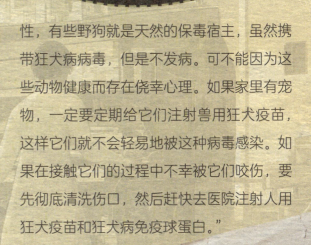

狂犬病病毒
狂犬病病毒为弹状病毒，其头部为半球形，末端常为平端，形态呈典型的子弹状，具有包膜。

狂犬病病毒

少年们在疾控专家的陪同下，首先见到了人畜共患的传染性病毒——狂犬病病毒。

一听到狂犬病病毒，爱狗的文文就积极起来："难道狂犬病病毒只有狗狗携带吗？"

"并不是，"疾控专家说，"**犬类是狂犬病病毒的主要储存宿主，99%的人类狂犬病是由犬类传播的**，其余传播者则是猫、吸血蝙蝠等。事实上，除了它们，鼠、鼬獾（yòuhuān）、浣熊、臭鼬、猫鼬等食肉目动物都是狂犬病病毒的储存宿主，均可感染狂犬病病毒成为传染源。不过在现实中，人类因接触这些野生动物宿主而死亡的情况非常罕见。"

"没有发病的狗和猫是不是就没有传染性？"天天也问道。

"不能这样理解。"疾控专家耐心解释道，"狗、猫未发病，不代表不具备传染性，有些野狗就是天然的保毒宿主，虽然携带狂犬病病毒，但是不发病。可不能因为这些动物健康而存在侥幸心理。如果家里有宠物，一定要定期给它们注射兽用狂犬疫苗，这样它们就不会轻易地被这种病毒感染。如果在接触它们的过程中不幸被它们咬伤，要先彻底清洗伤口，然后赶快去医院注射人用狂犬疫苗和狂犬病免疫球蛋白。"

小贴士

在救助流浪猫、流浪狗的时候，要做好防护，尽量不接触它们。

真病毒的主要分类方法

ICTV病毒分类法	病毒共分为6域10界17门40纲72目264科2818属11273种
病毒形态分类法	球状病毒、冠状病毒、杆状病毒、丝状病毒、砖状病毒、子弹状病毒等
宿主分类法	动物病毒、植物病毒、其他微生物病毒
巴尔的摩病毒分类	DNA病毒、RNA病毒

DNA病毒和RNA病毒

"博士,我们知道病毒可以分成真病毒和亚病毒,那么,真病毒有哪些分类呢?"天天问道。

林非博士放下手中的载玻片,说道:"真病毒有很多种分类,主流的分类方法有四种:一是按照病毒所属的纲、目、科、属进行等级分类(即ICTV病毒分类法);二是根据病毒的形态分类;三是根据感染的宿主分类;四是根据病毒的遗传物质分类(即巴尔的摩病毒分类法)。"

文文迟疑了一会儿说:"第四种分类方法中的遗传物质是指DNA吗?"

"你们的这些疑问就让疾控专家来回答吧。"林非博士说完继续观察狂犬病病毒。

"好的。"疾控专家对少年们说,"你们应该知道真病毒就是一个裹着遗传物质的蛋白质壳子。其中的遗传物质就是能携带生物个体遗传信息的分子或者结构。遗传信息的携带者被称为'核酸'。核酸又可以被分为两类,一类是脱氧核糖核酸,也就是人们常说的DNA;另一类是核糖核酸,即RNA。"

文文听完疾控专家说的话,立刻明白了,说道:"这么说……遗传物质是DNA的就是DNA病毒;遗传物质是RNA的就是

DNA

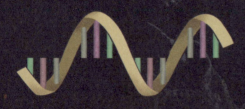

RNA

RNA病毒。"

"我们刚刚研究的狂犬病病毒属于哪一类呢?"洋洋询问道。

"**狂犬病病毒属于RNA病毒。一般来说,RNA病毒的种类要比DNA病毒多得多。**人类历史上出现的病毒性疾病大都是由RNA病毒引起的,比如艾滋病病毒、丙型肝炎病毒、流感病毒、脊髓灰质炎病毒、登革热病毒、轮状病毒、SARS病毒、埃博拉病毒、马尔堡病毒、新型冠状病毒等。"

"天啊!原来这些骇人听闻的病毒都是RNA病毒。"少年们惊呼起来。

疾控专家说:"虽然大部分病毒性疾病都是由RNA病毒引起的,但并不意味着DNA病毒没有给人类造成重大影响。全球性感染病乙型肝炎的病原体乙型肝炎病毒就属于DNA病毒,急性传染病天花的病原体天花病毒也在DNA病毒之列。"

文文说:"曾有史学家称'人类史上最大的种族屠杀事件不是靠枪炮实现的,而是天花'。天花和黑死病、霍乱等瘟疫,如同死神。"

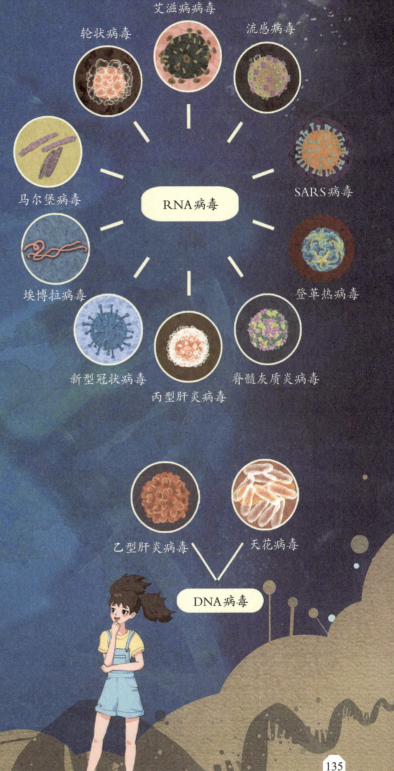

135

病毒的复制过程

"这些病毒是如何侵染动物细胞的呢?"天天迫切地想要知道。

疾控专家说:"现在你们已经知道,病毒主要是由衣壳和核酸组成的,其中核酸是它们复制的物质基础。但是,病毒自身缺乏复制必需的酶,只能在宿主的细胞内完成自我复制。所以在一般情况下,病毒是舍不得杀死宿主的。"

"那为什么还有那么多人死于病毒引起的疾病呢?"少年们不解地问。

"也许是这些病毒还没有把人认定为合适的宿主,可能需要适应一段时间吧。"疾控专家继续道,"**多数病毒复制过程有六步,即吸附、侵入、脱壳、生物合成、组装和释放。其中,吸附是决定感染成功与否的关键。**病毒吸附到细胞上后,需要通过不同的方式进入宿主细胞,即侵入过程。动物病毒的常见侵入方式是细胞内吞,即当病毒吸附细胞后,使细胞膜内陷,形成吞噬泡,而此时,病毒就进入细胞质。这个过程就像你投了鱼饵入水,鱼儿将鱼饵一口吸到嘴里一样。"

陆陆说:"是不是病毒进入细胞里就会脱掉衣壳,露出核酸?"

"没错,"疾控专家说,"脱壳需要酶的参与,而脱壳

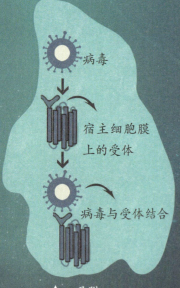

▲ 吸附
病毒表面的吸附蛋白与细胞表面受体特异性匹配。

侵入(细胞内吞型)▶

病毒吸附细胞后,细胞膜张力变化使其内陷形成吞噬泡,使病毒粒子进入细胞质中。

第X件宝物的自白

我是脊髓灰质炎活疫苗糖丸,简称"糖丸"。我吃起来甜甜的,还有奶香味儿,但我可不是简单的糖豆,我能够帮助儿童预防脊髓灰质炎哦。

脱壳—生物合成—组装—释放

被侵染的细胞释放病毒并崩解死亡

酶就来自被侵入的宿主细胞。**病毒的核酸被释放后就会借助宿主细胞提供的原料、能量和场所合成新的病毒核酸和蛋白质，这个过程就是生物合成。此时的宿主细胞就是病毒的复制工厂。病毒的生物合成阶段就是潜伏期。**"

文文说："'零件'生产完毕，剩下的就是将它们组装并'运送'出去了吧？"

"对，"疾控专家说，"**绝大多数DNA病毒在宿主的细胞核内组装，RNA病毒则在宿主的细胞质内组装。**当宿主的细胞没有利用价值时，大量组装好的病毒就会被释放出来，而宿主细胞也会崩解死亡。一个感染细胞通常可以释放100～1000个病毒。从单个病毒吸附开始至所有病毒释放的过程称为'感染周期'或'复制周期'。"

少年们在中国疾病预防控制中心完成了对动物病毒资料的搜集任务，他们回到基地，在超级电脑上生成报告，并发送给了地球居民。

报告

生物病毒一般分为真病毒和亚病毒两类，人们常说的"病毒"，通常指的是真病毒。

真病毒的主要分类方法有四种：按照病毒所属的纲、目、科、属进行等级分类（即ICTV病毒分类法），可分为6域10界17门40纲72目264科2818属11273种；根据病毒的形态分类，可分为球状病毒、冠状病毒、杆状病毒、丝状病毒、砖状病毒、子弹状病毒等；根据感染的宿主分类，可分为动物病毒、植物病毒和其他微生物病毒；根据病毒的遗传物质分类（即巴尔的摩病毒分类法），可分为DNA病毒和RNA病毒。

动物病毒的种类有很多，大部分是RNA病毒，比如艾滋病病毒、丙型肝炎病毒、流感病毒、脊髓灰质炎病毒、登革热病毒、轮状病毒、SARS病毒、埃博拉病毒、马尔堡病毒、新型冠状病毒等。DNA病毒的种类虽然不如RNA病毒多，但是影响不小，乙型肝炎病毒和天花病毒都属于DNA病毒。

地球居民的回复简讯

接种疫苗，人人有责。

警报，有病毒入侵

"阿嚏！"林非博士冷不防打了一个喷嚏。

"博士，您感冒了吗？"文文关切地问。

炎黄机警地将林非博士全身上下扫描了一番："扫描结束。现在流感病毒正在入侵，请各位成员做好防御准备。"

"你们离我远一点儿，可别被我传染了。"林非博士赶紧用胳膊挡住口鼻，少年们也从炎黄手中接过口罩，一一戴上。

"不好意思，孩子们。今天我本来要带你们再去一次疾控中心了解病毒是如何入侵人体并进行复制传播的。看来，要推迟了。"林非博士无奈地说。

"流感病毒是RNA病毒，不如……"陆陆停顿了一下说，"不如就辛苦博士当一次实验对象，让我们来看看RNA病毒是怎么入侵人体的。"

林非博士同意后，大家来到了实验室，少年们被缩小成纳米级尺度，等待进入林非博士的身体。

因为流感病毒从进入鼻腔到完成复制需要几天的时间，林非博士只能佩戴着实验仪器正常生活，而炎黄则时刻观察着林非博士和少年们的情况。

病毒进入人体的过程

少年们在进入林非博士的身体之前，看到了在空气中飘荡着的细菌和流感病毒。

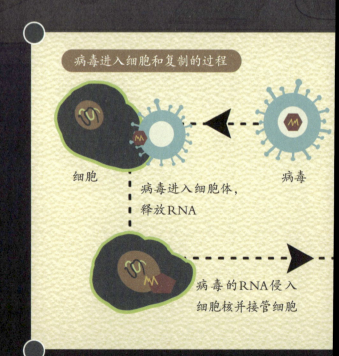

病毒进入细胞和复制的过程

细胞　　病毒进入细胞体，释放RNA　　病毒

病毒的RNA侵入细胞核并接管细胞

当林非博士呼吸时，流动的空气就像是一场撼天动地的风暴，将少年们和其他的微小生物一起卷进了鼻腔。此时此刻，入侵开始了。

进入鼻腔里的微小生物被林非博士鼻腔中的绒毛拦截，这是病菌进入机体的第一道防线。鼻腔意识到危险后，分泌出鼻液，鼻液中的酶将细菌杀死，而这种酶对流感病毒无效。虽然蜿蜒曲折的鼻腔具有捕获入侵者的功能，但是少年们和一些病毒依旧被强大的吸力带到了林非博士的咽喉处。

流感病毒为了完成复制使命，首先需要"劫持"林非博士的咽喉细胞。因为人体细胞之间用蛋白质作为信使进行交

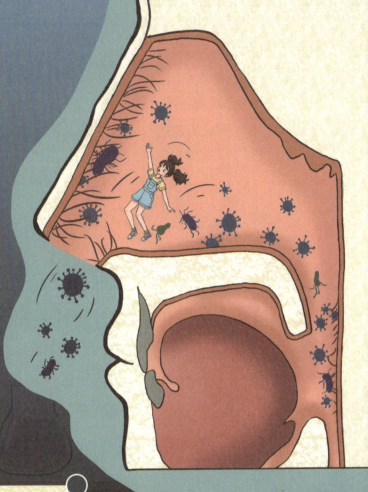

新的病毒破坏细胞，得到释放

病毒的RNA利用宿主细胞产生新的RNA并聚集更多的病毒颗粒

流，所以流感病毒的刺突就伪装成蛋白质，蒙混过关，进入了咽喉细胞。流感病毒将咽喉细胞"劫持"并利用它成为自己的病毒制造工厂。

"它们竟然骗过人体细胞，进入了细胞质。"文文不可思议地说。

第一场战役

"接下来,流感病毒就要利用咽喉细胞所含的营养物质来复制病毒了。"陆陆看着被入侵的咽喉细胞说,"这个咽喉细胞不再制造蛋白质,而是成了流感病毒的繁殖基地。1个咽喉细胞可以生产出10000个病毒,而每个新病毒又会将新的咽喉细胞变成自己的繁殖基地。"

"病毒一旦进入肺部,博士就会病得很严重!"文文急切地说,"要不要让博士吃点儿药,将这些病毒扼杀在咽喉处?"

林非博士通过仪器对少年们说:"还是给我的免疫系统一次对抗外敌的机会吧!它们只有通过实战才能变得更加强大。"

"看来,免疫系统有一场硬仗要打了!"天天蹙着眉头说。

看,**免疫系统的先遣部队——自然杀伤细胞**来了!这是一群驻扎在淋巴组织和血液中的细胞,它们天生就具有杀伤作用。这些细胞卫士随时待命,一旦发现异常细胞,就会立刻出击。这是一场残酷的战争,在摧毁病毒时,被感染的咽喉细胞也会被消灭。不过,杀伤细胞的清理速度赶不上病毒的繁殖速度,于是,为了尽快消灭病毒,咽喉部的树突细胞出现了,它们把流感病毒的刺突收集起来并悬挂在身上,四处寻找专门负责消灭这种病毒的支援部队。

少年们看着堆积的细胞残骸不知如何是好,林非博士也因此感到呼吸有点儿困难。

这时,一群**巨噬细胞**来了,它们体形巨大,每天都有无数细菌、有机废物、受伤或者已经死去的细胞被它们的"血盆大口"吞下。它们清理着战场并释放出白细胞素。这些白细胞素立刻通知增援部队奔赴前线。为了抑制病毒,林非博士的免疫系统清理掉了上千个咽喉细胞,此时的他感到咽喉肿痛。而白细胞素

> 淋巴细胞、巨噬细胞等属于白细胞,而白细胞是一类免疫细胞的的统称。

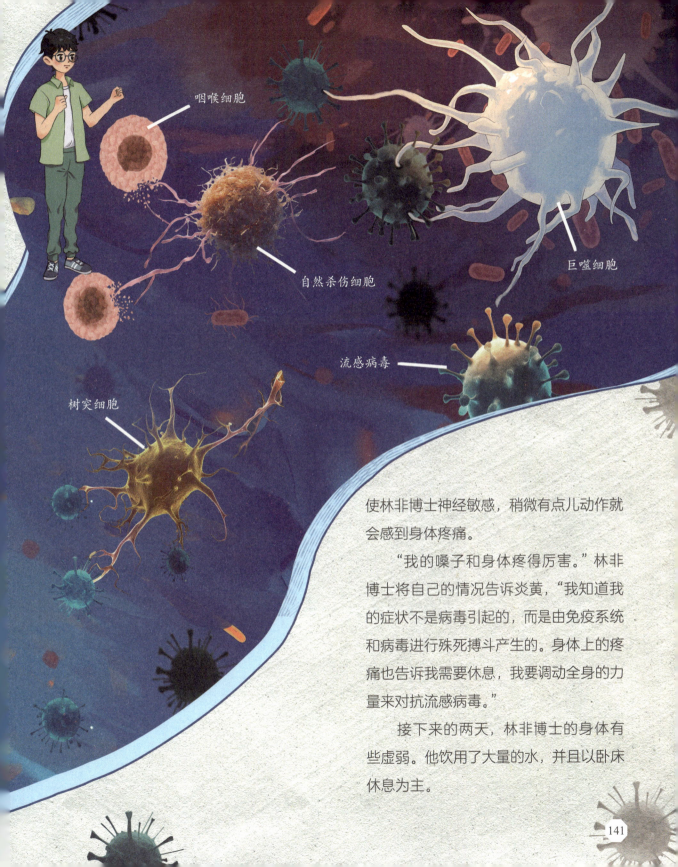

咽喉细胞

自然杀伤细胞

巨噬细胞

流感病毒

树突细胞

使林非博士神经敏感，稍微有点儿动作就会感到身体疼痛。

"我的嗓子和身体疼得厉害。"林非博士将自己的情况告诉炎黄，"我知道我的症状不是病毒引起的，而是由免疫系统和病毒进行殊死搏斗产生的。身体上的疼痛也告诉我需要休息，我要调动全身的力量来对抗流感病毒。"

接下来的两天，林非博士的身体有些虚弱。他饮用了大量的水，并且以卧床休息为主。

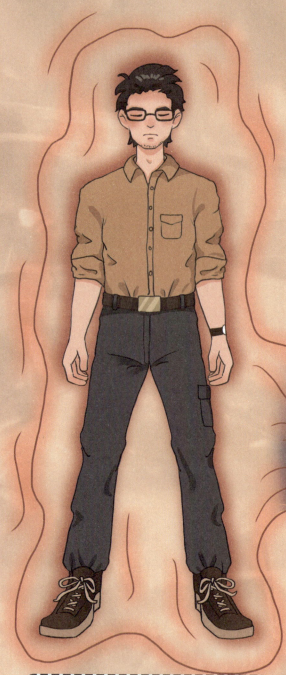

免疫系统大反击

白细胞素开辟了新的战线,它知道37℃的体温对病毒繁殖有利,于是它通知恒温系统调高身体温度,来抑制病毒繁殖。因此,林非博士发烧了。体温的升高减缓了病毒的入侵速度,加快了免疫细胞的繁殖。

"好热啊!"少年们也感受到林非博士的体温在升高。

"博士,你要不要吃点儿退烧药?"文文提醒道。

"不行,虽然体温升高使我的血管膨胀,产生全身疼痛的症状,但是,如果我吃了退烧药,就等于放了病毒一条生路,我的体温没超过38.5℃,还是物理降温比较好。在我的免疫系统胜利前,我是不可能好受的。"林非博士虚弱地回复着。

少年们跟着树突细胞,沿着血管飞奔至

体温超过38.5℃的患者可以通过服用退烧药降温。如果有高热惊厥史的患者,由于情况特殊,需要及时就医。

林非博士的淋巴腺。那里有数万亿计的T细胞和B细胞，这里的每个细胞都是为杀害特定入侵病菌而存在的。在这些细胞中只有一种T细胞和一种B细胞是专门针对流感病毒的。树突细胞先是找到了针对流感病毒的T细胞，T细胞接到命令后，快速进行自我分裂，林非博士的淋巴腺也因此开始肿胀起来。成千上万的T细胞涌入他的咽喉部位，并锁定被侵染的细胞进行杀灭。大决战开始了！

咽喉处的纤毛因为运送大量的细胞残骸而受到损伤，林非博士只能通过咳嗽将细胞残骸排出。这也表明，免疫细胞与流感病毒的厮杀十分惨烈。与此同时，一股新的力量也加入了大决战——树突细胞找到了淋巴腺里对付流感病毒的B细胞。这种B细胞可以自行繁殖，但是它们没有直接涌入战场，而是释放出数以万计的抗体蛋白质，让它们加入战斗。

文文惊叹道："黑云压城城欲摧，甲光向日金鳞开。你们看，那些是什么？"

少年们循声望去，一个个抗体仿佛跟踪导弹，追寻着新生的病毒，并牢牢锁住它们的刺突，阻止它们侵染正常的咽喉细胞。两种免疫细胞强强联合，流感病毒无处可藏，在它们的连环攻势下，流感病毒节节败退，最终被尽数歼灭。

→ 抗体抑制病毒刺突

↓ B细胞

↓ T细胞

战争结束了吗?

这场持续了近一周的战争以免疫细胞的胜利而告终。少年们看到巨噬细胞继续打扫着战场上的残骸,而新的咽喉细胞也重新涌现出来。大量的T细胞在完成任务后会萎缩、死亡,但有些细胞(记忆细胞)会永远留存在身体里。记忆细胞将这次战役和入侵者的资料存档并形成免疫。短时间内,倘若流感病毒再次入侵,就是死路一条。

林非博士感觉喉咙没有之前那样肿痛了,说明他的情况在好转。但从某种程度上来说,战争并没有完全结束。

因为在战争过程中,已经有相当一部分病毒通过咳嗽和喷嚏从患者的体内突围出去。它们将在空气中飘荡,等待下一个可能被感染的对象。**病毒的构造和基因结构实在是太简单了,因此,它们很容易变化出新的形态;而它们的新形态对人体而言就是新的病毒种类。**

变为正常状态的少年们自豪地说:"人体的免疫系统实在太伟大了!"

林非博士身体好了许多,精神饱满地说:"没错,当我们的身体受到伤害时,它们奋勇上前,从不退缩。生病时的我们要做的就是好好休息,多喝温开水,为免疫细胞提供帮助。"

第X件宝物的自白

我是胶体金试纸条,是专门为检测病毒而设计的一种生物传感器。只要将样本液滴加在我的试纸条上,我就能通过显示阳性或阴性来告知被测者是否被此病毒感染。

小贴士

流感病毒是容易变异的RNA病毒,它们的突变可能造成病毒表面蛋白质变化,令免疫系统难以识别。

"嗯，"文文使劲地点点头说，"我们还要勤洗手、勤通风，不随地吐痰，而且打喷嚏时要掩住口鼻，防止病毒传播。"

"文文说得很对，"陆陆说，"流感病毒可以通过飞沫传播，流感患者或隐性感染者通过打喷嚏、擤（xǐng）鼻涕、咳嗽等方式将流感病毒散发在空气中，健康人吸入后可能会发生感染。另外，感染者呼吸出来的飞沫当中，一些小的颗粒可以形成气溶胶，在空气中飘浮，如果吸入气溶胶也会发生感染，尤其是在相对密闭、空气不流通的环境当中，病毒更易通过这种方式来传播。还有，间接接触患者的污染物也会被感染。"

林非博士说："这几天辛苦大家了，整理报告的任务就交给炎黄吧。"

报告

流感病毒进入咽部后会寻找特定的细胞入侵。病毒入侵的方式是利用其刺突伪装成蛋白质混进细胞质中，并将细胞作为繁殖的基地。当被侵染的细胞没有利用价值后，复制出的新病毒就会离开并寻找新的细胞再次入侵。

当人体被流感病毒入侵后，身体的免疫细胞就会发挥作用。

流感病毒的传播方式有飞沫传播、气溶胶传播、间接接触传播等。

地球居民的回复简讯

增强免疫力是抵抗疾病的良方。

捕食细菌的病毒——噬菌体

古希腊人总是说,"知识来自惊诧,惊诧我们生活中的常识为什么是这样而不是那样"。这种保持好奇的天性是积极的、理性的,就像亚里士多德说过:"惊诧驱使人们思辨。人首先惊诧于自己遇到的奇异事物,随后逐步深入,追问月亮、太阳、星辰,以至万物的诞生。"

文明守护者在探索完植物病毒和动物病毒后,对**专门以细菌、真菌、藻类等微生物为宿主的病毒**——噬菌体产生了很大的兴趣。噬菌体是地球生物圈中数量最大、遗传多样性最强的物种,它的发现也源于一次"惊诧"。

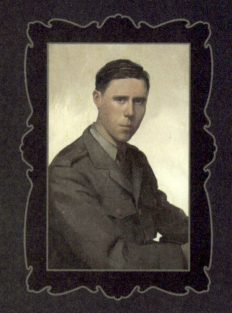

▲ 弗雷德里克·特沃特

噬菌体的发现

20世纪初,一位名叫弗雷德里克·特沃特的英国科学家和他的研究合作者埃内斯特·汉金观察到一件非常奇妙的事情。他们发现用过滤器过滤掉了所有的细菌之后,留下的过滤液竟然能杀死新的细菌。这令他们

◀ 埃内斯特·汉金

▲ 加拿大医学细菌学家费利克斯·德赫雷尔

惊诧不已。这是怎么回事呢？难道是魔法吗？当然不是！但这个发现确实像是为他们开启了一个神秘世界的大门。

弗雷德里克·特沃特猜想这背后一定有一种很小很小的微生物，小到连当时最好的显微镜都看不见它们，因为它们可以穿过那些只能阻挡细菌的过滤器。不过，他并未进行深入研究，也未给这种微生物命名。

同年，加拿大医学细菌学家费利克斯·德赫雷尔也发现了这种微生物并开始进行深入研究。不知道过了多少个废寝忘食的日子后，他终于可以确定，这是一种专门攻击细菌的病毒。因此他把这类病毒称为"噬菌体"。

随后，费利克斯·德赫雷尔进行了大量的研究；同时利用噬菌体治疗人体细菌感染，并取得了很大的成功，他也因此多次获得诺贝尔奖提名。

由于当时抗生素尚未普及且品种很少，噬菌体作为抗菌治疗药物被普遍使用，世界上一些主要药厂也生产和销售噬菌体制剂。但是20世纪40年代以后，由于抗生素在西方国家逐渐普及，噬菌体治疗法日渐淡出。

这就是噬菌体

随着抗生素的应用，针对抗生素的耐药细菌不断出现，特别是超级耐药菌的出现，让感染者在进行抗感染治疗时面临无药可用的局面。细菌耐药性日趋严重，已成为一个亟（jí）待解决的全球性卫生问题。因此，细菌克星——噬菌体重新回到我们的视野里。

噬菌体是病毒中最为普遍和分布最广的群体，通常在一些充满细菌群落的地方就能找到。少年们找到了一些被噬菌体侵染的细菌进行研究。

经过研究，他们发现**噬菌体的体积非常小，由核酸和蛋白质构成**，而蛋白质起着保护核酸的作用并决定噬菌体的外形和表面特征。噬菌体的形态有蝌蚪形、微球形和细杆形，以蝌蚪形较为多见。根据蛋白质结构不同，噬菌体可分为无尾噬菌体、有尾噬菌体和线状体；按照繁殖特点，噬菌体又可分为烈性噬菌体和温和噬菌体（溶原性噬

无尾噬菌体

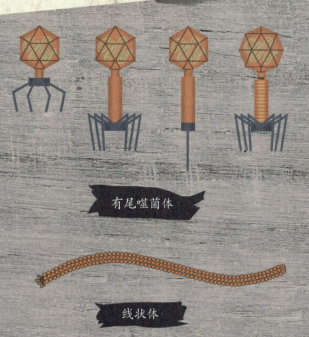

有尾噬菌体

线状体

菌体）。

在有尾噬菌体中，以大肠杆菌为宿主的T系噬菌体中的T4噬菌体最具有典型的蝌蚪状外形。它是一种烈性噬菌体，由头部、颈部和尾部三个部分构成，头部的衣壳内含有折叠的DNA分子，尾部的衣壳是一个中空的长管，外面包有可收缩的尾鞘，尾部除尾鞘外，还可分为尾髓、尾板、尾刺和尾丝五部分。尾丝和尾刺都具有吸附功能，

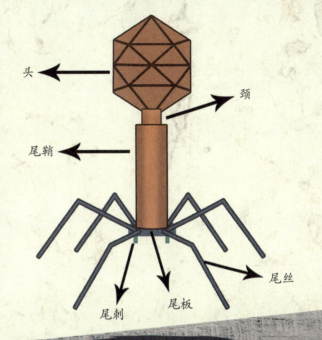

T4噬菌体结构示意图

尤其是尾丝，能专一性吸附在敏感寄主细胞表面相应的受体上。

少年们决定对T4噬菌体的侵染过程进行研究。

他们再次化身迷你小人，进入大肠杆菌的培养皿中，以大肠杆菌的视角来看待噬菌体的入侵。

入侵大肠杆菌的强盗

在微观宇宙的深邃空间中，有一艘特殊的飞船，名为"T4噬菌体号"。它外观奇特，是一个有着二十面体船舱和六个着陆臂的飞船。在宇宙中，它的特殊任务是寻找大肠杆菌这样的星球。

当T4噬菌体号发现了一个繁荣的大肠杆菌星球时，它开始了进攻。飞船慢慢地飘向星球，它的着陆臂——尾丝，精准地附着在星球表面的着陆点上。大肠杆菌星球对这些来访者毫无防备。

接下来，T4噬菌体号伸出钻头般的尾刺，插入大肠杆菌星球的表面，创造出一条小小的通道。这是完美的进攻，大肠杆菌星球的警报器没有响起。

随着通道开启，T4噬菌体号内的一群小小的遗传物质队伍，沿着这条通道进入了星球内部。它们带着一串长长的DNA代码，这些代码里含有掠夺这颗星球资源的详细计划。它们的图谋很简单——把大肠杆菌星球据为己有，并利用其中的资源为它们服务。遗传物质小队接管了大肠杆菌星球，并用星球内的资源来壮大自己的队伍。

大肠杆菌星球里的资源逐渐耗竭。它的能量和原料都被用来组装更多的T4噬菌体号飞船。最终，大肠杆菌星球没有了利用价值，一艘艘被制造出来的T4噬菌体号飞船整装待发。随着一声巨响，它们一起冲破大肠杆菌星球的护盾——细胞壁。所有新一代T4噬菌体号飞船向宇宙中飞散，带着遗传物质队伍去寻找新的大肠杆菌星球并征服它们。

有尾噬菌体用尾部溶菌酶部分破坏细菌细胞壁，再将尾部刺入细胞，在细胞中注入核酸，将衣壳留在细胞外

T4噬菌体的裂解循环过程

文文感慨地说:"噬菌体不愧是病毒,入侵细菌的过程和流感病毒入侵人体细胞的过程简直一模一样!"

"还是有些差别的。"陆陆说,"它们寄生的对象不一样,而且侵入细胞的方式也不同。"

"好像是这样。"天天附和道,"流感病毒入侵的是人体细胞,噬菌体入侵的是细菌细胞;流感病毒的侵入方式是细胞内吞,而噬菌体的侵入方式属于注射式侵入。"

大肠杆菌中的秘密特工

陆陆接着说:"并不是所有的噬菌体都像T4噬菌体那样'手段粗糙'。像它们这种吃干抹净式的噬菌体都是烈性噬菌体。你们想不想看看与烈性噬菌体相对的温和噬菌体是如何侵染细菌的?"

"当然想了。"

少年们跟随着新一代的T4噬菌体从裂解的大肠杆菌中出来并恢复了原貌。他们想看一看温和噬菌体到底是如何不动声色地侵染细菌的。

如果说烈性噬菌体是外星强盗,那么温和噬菌体则更像"外星特工"。它不像是耀武扬威、无恶不作的侵略者,更像派对中那个不知道由谁邀请来的神秘宾客。温和噬菌体在进入宿主的体内后,会悄悄把自己的

小贴士

噬菌体只能侵染相应的细菌,具有高度的特异性,可用于细菌的鉴定。

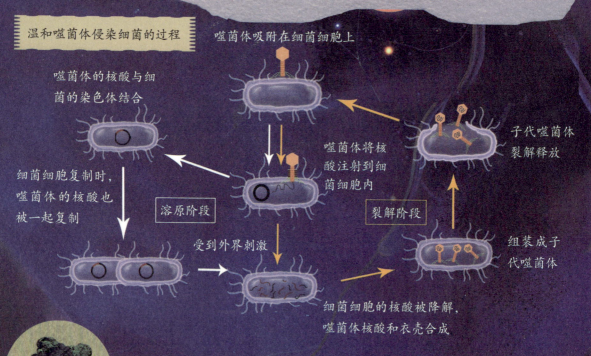

温和噬菌体侵染细菌的过程

第X件宝物的自白

我是ΦX174噬菌体,是微小噬菌体的典型代表,我没有尾巴。

遗传物质和宿主的融合在一起，把自己变成宿主的一部分。这样，温和噬菌体就可以随宿主核酸的复制而复制，并随细胞的分裂而传代。温和噬菌体会一直这样潜伏着，直到生存的环境受到威胁。一旦感到危险，它们就会快速行动起来，凶相毕露，变回无情的强盗——温和噬菌体会变成烈性噬菌体，进入裂解阶段。

对于致病菌来说，噬菌体要么是穷凶极恶的强盗，要么是居心叵测的特工，可对人类而言，它们更像是忠诚可靠的微型战士。细菌在哪里，噬菌体的超级力量就会在哪里发光。细菌与噬菌体之间的战争只是我们看不见的微观宇宙中自然战争的一小部分，这样的战役已经进行了亿万年，它们将继续进行，直到时间的尽头。

少年们完成了噬菌体的资料搜集任务，林非博士整理了探索报告并发送了出去。他希望地球居民通过报告，在一睹噬菌体风采的同时，也能对病毒有更深刻的了解。

报告

噬菌体由英国科学家弗雷德里克·特沃特和埃内斯特·汉金发现并由加拿大医学细菌学家费利克斯·德赫雷尔命名。

噬菌体的形态可分为蝌蚪形、微球形和细杆形。根据噬菌体的蛋白质结构不同，可将其分为无尾噬菌体、有尾噬菌体和线状体；按照噬菌体的繁殖特点，又可分为烈性噬菌体和温和噬菌体（溶原性噬菌体）。

烈性噬菌体侵染细菌后，在细菌的细胞内迅速增殖，产生许多子代噬菌体，最终使细菌细胞破裂；温和噬菌体侵染细菌后，不立即增殖，而是将其核酸整合到细菌的染色体中，并随细菌细胞的分裂而传代。

地球居民的回复简讯

自然界有自己的规则，使生活在其中的生物们保持平衡、和谐。

化敌为友

自从少年们探索了噬菌体后,文文对病毒的态度发生了转变。虽然她不可能喜欢病毒,但不再一味地否定病毒了。她试着在病毒身上探索更多有利于人类发展的事物。

"陆陆,拜托拜托,你就帮我一次好不好?"文文一大早就缠着陆陆,想要陆陆帮她一起搜集记录人类正向应用病毒的相关资料。

陆陆推托道:"哎呀,病毒的探索任务都接近尾声了。我打算结束后和天天去看航天技术与设备展呢!"

"没关系,那个展览会要持续好几天呢。你先帮文文搜集好资料,我们再去也不迟。"天天笑眯眯地说了一句。

"你……真是我的好朋友啊!"陆陆看了一眼天天。要知道这段时间他可累坏了,不仅外出搜集资料,还帮林非博士整理报告,他想好好休息一下呢。

"陆陆,你就帮我一下吧,谁让你是陆生物专家呢!"文文瞅准时机,不吝惜地赞美。

果然,陆陆很吃这一套,在文文的夸奖下,答应了她的请求。

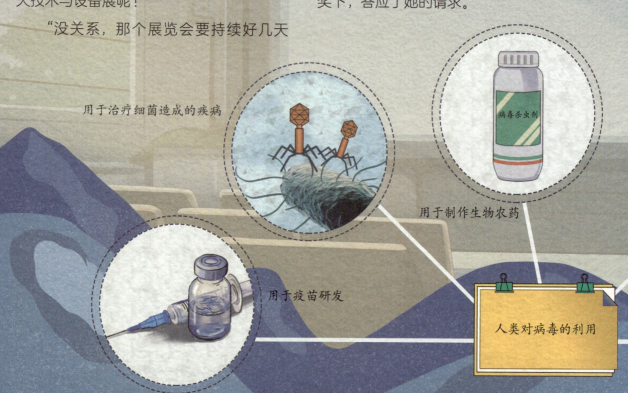

用于治疗细菌造成的疾病

用于制作生物农药

用于疫苗研发

人类对病毒的利用

人类对病毒的利用

在科技还未发展到一定水平之前，病毒是人类健康的敌人，但随着科技的发展和人类对病毒研究的展开，病毒成为研究生命活动的工具，更多地服务于人类健康。比如，**医学界利用病毒研发出多种疫苗，刺激机体产生抗体**；利用噬菌体治疗细菌性疾病，或消灭致命性抗药细菌；利用病毒研制特效杀虫剂或将病毒制成精确制导药物，利用其特异性攻击癌细胞；基因编辑技术也常用病毒作为载体，**引入新基因片段**；等等。

在人类对病毒的利用中，疫苗是极其重要的存在，它使人类在面对传染病的威胁时能化被动为主动，并且在降低死亡率和提高人均预期寿命方面，发挥了不可替代的作用。于是，陆陆和文文打算先从人类健康的守护神——疫苗开始探索病毒、疫苗、人体三者之间的关联。

用于治疗癌症

用于基因编辑

人体免疫系统的演习活动

人体免疫系统就像住在人体营地内的守卫战士，时刻防备对身体有害的敌人入侵。一旦敌人进入营地，守卫战士就会迅速发现敌人并尽快将其清除。当然，这些战士也记下了敌人的外貌特征和清除方法。如果同样的敌人再次进入，守卫战士就会根据既往经验迅速做出反应，清除它们，而这个过程就是免疫应答反应。

为了防御、控制传染病的发生、流行，人类把病毒研制成对人体无毒性的疫苗。人体接种疫苗的行为如同给免疫系统举行了一次演习活动。

进入人体的疫苗就像演习活动中伪装的敌人，守卫战士发现之后，会将其迅速清除，并获得该"敌人"的特征及清除方法。一旦真正的敌人入侵，守卫战士就会根据既往的演习经验，迅速做出反应，清除敌人，保护人体安全。

免疫应答反应

人体免疫系统时刻预防微生物或微生物毒素、酶等入侵，一旦发现其侵害人体，会尽快将其清除出去，进而记下清除方法，确保遇到同样的情况时能迅速做出反应。

疫苗竟是病原微生物做成的

"现在的人们从一出生就开始接种疫苗,但是大部分人对疫苗了解甚少。"文文看着找到的疫苗资料说。

陆陆点点头,表示赞同:"是的,大部分人只知道疫苗是由某种对人体无毒的病原体制成的,接种疫苗就是为了防御此种病原体的侵害,而且大部分人都是被动地接种国家免疫规划指定的疫苗,很少有人主动去了解。"

"听你们这样一说,我发现我对疫苗的了解也仅止步于此。"天天说道,"你们整理了哪些有关疫苗的资料?给我也普及一下疫苗的相关知识嘛。"

"那就从疫苗的制备过程开始说吧!"陆陆说,"**疫苗的制备过程就是将病原微生物及其代谢产物经过人工减毒、灭活或利用基因工程等方法制成用于预防传染病的自动免疫制剂。**"

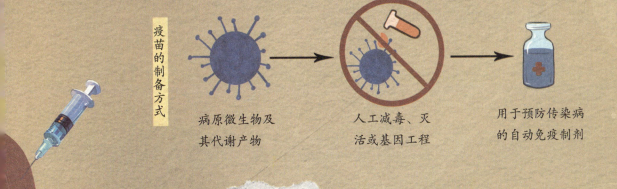

疫苗的制备方式：病原微生物及其代谢产物 → 人工减毒、灭活或基因工程 → 用于预防传染病的自动免疫制剂

▶ 疫苗

疫苗是为了预防、控制传染病的发生、流行而用于人体预防接种的预防性生物制品。接种疫苗就像演习活动,通过伪装或主动寻找"敌人",获得该"敌人"的清除方法,从而确保在真正的敌人入侵时,可以迅速做出反应。

疫苗的种类

"我的胳膊上有个疤痕,我妈说是我出生后接种疫苗时留下的。"天天将胳膊上的疤痕展示给陆陆和文文看。

陆陆看了看说:"现在,大多数人的胳膊上都有这种疤痕,这是接种卡介苗导致的。接种卡介苗后,人体对应的部位会溃烂、结痂,愈合后会留下永久性的凹陷疤痕,俗称'卡疤'。**卡介苗现在主要用于儿童结核病的预防,属于细菌疫苗;而人体注射的第一针疫苗是乙型肝炎疫苗,属于病毒疫苗,要求新生儿在出生后24小时内完成此疫苗第一剂的接种。**"

文文撸起衣袖对陆陆说:"为什么我的胳膊上没有这种疤痕,难道我没有接种过卡介苗?"

"不是,"陆陆耐心地解释说,"卡介苗属于国家免疫规划疫苗,对公民免费,公民按照规定接种。只是有的新生儿接种后不会出现溃烂、结痂的情况。只要接种过卡介

> **疫苗的种类**
> 疫苗主要分为三大类:人工主动免疫制剂、人工被动免疫制剂、新型疫苗。

人工主动免疫制剂

灭活疫苗　　类毒素　　减毒活疫苗

灭活疫苗俗称"死疫苗",是用物理或化学方法将病原体杀灭制成。比如甲型肝炎灭活疫苗就是死疫苗,死疫苗在人体内不能繁殖,刺激时间短,要获得持久免疫力,需多次重复接种。

类毒素是将细胞外毒素经甲醛(quán)处理后失去毒性,仍保留免疫原性。常用的类毒素有白喉类毒素、破伤风类毒素等。类毒素在体内吸收慢,但能长时间刺激机体产生更多抗体,以增强免疫效果。

减毒活疫苗是人为使病原体发生变异、减弱毒性,但保留免疫原性而研制的。常用减毒活疫苗有卡介苗、麻疹疫苗、脊髓灰质炎疫苗等。减毒活疫苗在体内有繁殖能力,免疫的持续时间较长,效果优于灭活疫苗,但是减毒活疫苗有恢复毒性的可能性,因此不适合免疫功能缺陷者或者孕妇接种。

苗，不管有没有出现卡疤，都不用补种。"

文文笑笑说："那我就放心了。"

"我们从小到大接种了那么多种疫苗，又该如何给它们分类呢？"天天向陆陆说出自己的疑问。

"疫苗主要分为三大类：人工主动免疫制剂、人工被动免疫制剂、新型疫苗。"陆陆一边打开整理好的资料给天天看，一边说。

"人工主动免疫制剂就是利用人体免疫系统的应答机制，把疫苗接种到人体，使人体产生主动免疫，从而预防传染病的发生。此类疫苗主要包括灭活疫苗、减毒活疫苗和类毒素。人工被动免疫制剂就是含有特异性抗体的免疫血清或免疫细胞因子等制剂，这种疫苗注入机体后，机体会立即获得免疫力。此种免疫制剂的免疫效果持续时间短，主要用于治疗和紧急预防。新型疫苗大多是采用区别于传统灭活、减毒的新技术制成的疫苗，包括亚单位疫苗、结合疫苗、合成肽疫苗、基因工程疫苗等。"陆陆耐心地为他讲解道。

"隔行如隔山啊！"天天看着密密麻麻的资料，听着陆陆的讲解，不禁有感而发。

疫苗接种的注意事项

陆陆忍不住笑道："嘿嘿，你只要记住世界卫生组织倡导的25种免疫疫苗和接种疫苗的注意事项就行啦！"

文文把25种疫苗的清单拿给天天看，并顺势问道："你知道接种疫苗时有哪些注意事项吗？"

世界卫生组织倡导接种的25种疫苗

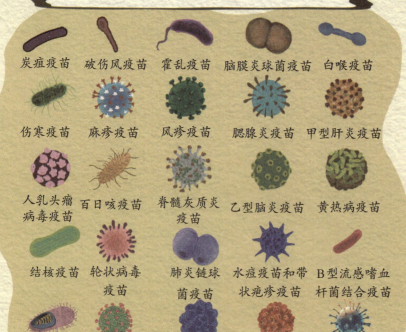

小贴士

对鸡蛋过敏者不宜接种麻疹、流感等以鸡胚细胞培养的疫苗。

"这个我还真不了解。"天天尴尬地笑笑。

"我来给你科普一下吧。"文文把资料递给天天,"接种前,先看自身的身体情况是否适合接种疫苗,如果病没有痊愈,还在吃药或打针,是不能接种疫苗的。另外,有些特殊人群,比如备孕期、妊娠期、哺乳期的女性,在接种前需要询问医生是否可以接种此种疫苗。接种时,还需要确认接种疫苗的药剂、剂量和保质期以及要接种的身体部位等。"

"这也太仔细了吧!"天天说。

"用药无小事,生命健康、安全是第一位的。"文文严肃地说。

天天想了想,说道:"我只记得接种疫苗后,要用棉签轻轻按压接种部位,直至不再出血,之后要在接种处等待半小时,没有问题才能离开;而且接种后不宜剧烈运动,接种部位最好不要沾水。另外,医生还会叮嘱要多休息、多饮温水,如果出现不良症状,要及时就医。"

"接种后的注意事项了解得挺全面啊!那你知道接种前和接种时要注意哪些吗?"陆陆问道。

三位少年你一言我一语地聊得很是起

第X件宝物的自白

我是猿猴空泡病毒40,简称"SV40",是双链DNA病毒。因为我可以作为基因传递的工具,所以成了科学家们的好帮手!

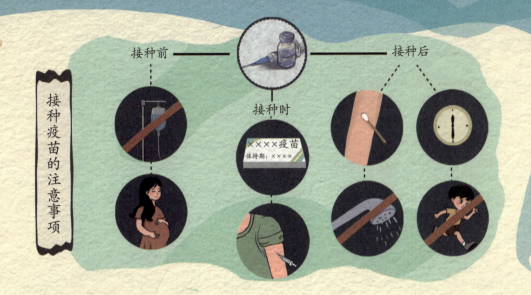

劲，完全没注意到门外的炎黄。虽然他是仿真机器人，在他的大脑芯片里有迄今为止全部的人类知识，可是他依旧不明白人类在想什么。人类可以毁灭地球，也可以重建地球，人类有好的一面也有不好的一面。这个世界上有太多的问题不能简单用"是"或"否"来回答，就像不能判定病毒对于人类而言是好还是坏那样。而人类的每次学习、交流、探索都在走向那些问题的真相。即便人类的知识宝库越来越大，但人类永远在探索、学习和交流的路上。

有关病毒的所有资料都被文明守护者做成报告，发送给了地球的居民。他们相信，人类凭借智慧、团结，可以将地球家园建设得更加美好。

报告

人类对病毒的利用体现在用其研制疫苗、特效杀虫剂，治疗由细菌造成的疾病，攻击癌细胞，作为基因编辑技术的载体等方面。

疫苗是人类对病毒最早的正向应用，分为三大类：人工主动免疫制剂、人工被动免疫制剂、新型疫苗。

世界卫生组织倡导接种的疫苗共有25种。

地球居民的回复简讯

我们还有很长的路要走，不过没关系，因为每一步都是成长的印记，我们终将获得成功。

病毒 思维导图

植物病毒

- 代表
  - 郁金香碎色病毒
  - 烟草花叶病毒
- 传播途径
  - 昆虫
  - 带毒的繁殖材料

病毒的发现
1892年，俄国植物学家德米特里·伊万诺夫斯基首次发现病毒
1898年，荷兰科学家马丁努斯·贝杰林克为其命名

病毒的形态结构
由一个核酸长链和衣壳构成的非细胞型寄生生物

病毒的起源

- 病毒的起源假设
  - 病毒优先假说
  - 病毒逃逸假说
  - 病毒退化假说

噬菌体

噬菌体的发现
英国科学家弗雷德里克·特沃特和埃内斯特·汉金发现噬菌体；加拿大医学细菌学家费利克斯·德赫雷尔为其命名

噬菌体的形态与分类
- 形态
  - 蝌蚪形
  - 微球形
  - 细杆形
- 分类
  - 按照蛋白质结构
    - 无尾噬菌体
    - 有尾噬菌体
    - 线状体
  - 按照繁殖特点
    - 烈性噬菌体
    - 温和噬菌体

病毒的正向应用

疫苗、噬菌体可以治疗细菌性疾病，病毒可以制作特效病毒杀虫剂、攻击癌细胞的精确制导药物，应用于基因编辑领域

- 真病毒
  - 裸核衣壳病毒
  - 包膜病毒

- 亚病毒
  - 类病毒
  - 朊病毒
  - 拟病毒

- 动物病毒
  - DNA病毒
    - 常见种类
      - 乙型肝炎病毒
      - 天花病毒
  - RNA病毒
    - 常见种类
      - 流感病毒
      - 丙型肝炎病毒
      - 新型冠状病毒
      - 脊髓灰质炎病毒
      - 艾滋病病毒
      - 狂犬病病毒

- 病毒的复制过程：吸附、侵入、脱壳、生物合成、组装、释放

病毒的入侵和预防手段

- 预防手段
  - 讲卫生、勤通风
  - 接种流感疫苗

- 病毒入侵
  - 流感病毒的传播途径
    - 飞沫传播
    - 气溶胶传播
    - 间接接触传播
  - 流感病毒进入人体的过程：流感病毒通过机体的鼻腔进入咽喉部位，并利用特定的咽喉细胞开始复制
  - 免疫系统：免疫系统中包括自然杀伤细胞、树突细胞、巨噬细胞、B细胞、T细胞等免疫细胞

通缉令